大唐王朝历史之谜

张剑光　周志明·编著

 绘图精译

陕西新华出版　三秦出版社

图书在版编目（ＣＩＰ）数据

大唐王朝历史之谜 / 张剑光，周志明编著 . -- 西安
：三秦出版社，2008.04（2024.1 重印）
（国学百部文库）
ISBN 978-7-80736-363-7

Ⅰ . ①大… Ⅱ . ①张… ②周… Ⅲ . ①中国－古代史
－唐代－通俗读物 Ⅳ . ① K242.09

中国版本图书馆 CIP 数据核字（2008）第 027088 号

书　　名	大唐王朝历史之谜
作　　者	张剑光　周志明　编著
责　　编	靳　疆
封面设计	新华智品

出版发行	三秦出版社
社　　址	西安市雁塔区曲江新区登高路 1388 号
电　　话	（029）81205236
邮政编码	710061
印　　刷	北京一鑫印务有限责任公司
开　　本	680×1020　1/16
印　　张	9
字　　数	185 千字
版　　次	2008 年 4 月第 2 版
印　　次	2024 年 1 月第 2 次印刷
标准书号	ISBN 978-7-80736-363-7

定　　价	39.80 元
网　　址	http://www.sqcbs.cn

前　言

　　唐代，是中国历史上空前繁荣昌盛、辉煌壮丽的时代，在中华民族的发展史上占有重要的地位。在长达 2000 余年的中国封建社会发展史中，历史沿着曲折的道路向前推进，并且呈现出波浪式的前进轨迹，社会经济繁荣、文化昌盛、国家强大的唐朝是一个公认的高潮时期。唐朝是古代重要的盛世，不但在经济、文化方面的成就光辉夺目，而且在对外关系的发展方面也占有重要的地位。

　　唐朝的社会生产力有了较大的发展，是我国耕作技术发生划时代变化的关键时期。在世界历史上，我国是以出产丝织品和陶瓷而著称的国家，造纸业也是在我国首先发展起来的手工业部门，隋唐五代时期，这三种具有代表性的手工业生产都取得了辉煌的成就。唐朝商品经济的发展，是造成社会繁荣景象的一个重要条件。随着商品经济的发展，社会上富商大贾、番商遍于名都巨邑，大城市的经济功能不断增强，商品经济的不断加强成了时代的特色。隋唐五代时期文学和艺术的繁荣令人惊叹，诗歌、音乐、舞蹈、绘画、雕塑、书法、工艺各个领域都取得了惊人的成就，呈现出万紫千红、百花吐艳的景象。

　　长期以来，学术界专注隋唐五代时期历史的研究，一批批学者代代相继，各执所习，增补缺失，厘订舛驳，献出了他们宝贵的青春。他们解决了一个又一个的问题，取得了丰硕的学术成果，但他们仍有一些问题没有解决，留给了后人一个又一个的疑点，仍有一些问题没有定论，探讨过程中互不相让。他们的研究学术性强，专业性深，而一般人是没有能力也没有精力进入这样的学术堂奥，要全面了解历史并非那么容易。唐朝历史在普通人面前只能似是而非，依稀当年。

　　历史是极其生动活泼的，是人类经验与智慧的宝库。人们都希望穿越时间隧道，能够回到过去，从历史中汲取养分，从历史中获得乐趣。如果弄明白了历史刻画下的人类活动轨迹，我们就能了解过去，把握未来。

　　基于此，冯勤先生于 2004 年制订了一个系统研究中国古代历史的计划，他认为我们首先应该将历史时期的一些重要问题、疑难问题进行搜集研究，因为这些问题往往是人们关注的热点，是历史研究的重心。在梳理这些问题的过程中，我们可以用通俗的语言将这些问题介绍给普通的读者，以增加他们对历史知识的了解，增强他们学习历史的热情。我有幸接受了其中的隋唐五代的部分，并受冯先生的启发撰写了粗略的提纲，制订了写作计划，组织了写作班子编写出这部《大唐王朝历史之谜》。

编　者

2008 年 8 月

目　录

李建成庸劣之谜

　　李建成是唐高祖李渊的嫡长子。生于隋文帝开皇九年(589)，殁于唐高祖武德九年(626)的玄武门之变中，死时年仅三十八岁。人们对于他的评价历来不高，许多史书都把他描写成一个庸庸碌碌、无所作为之人。一度是唐朝太子的他，真的是这样一个人吗？近年来，许多学者对于史书上关于他的记载产生了怀疑。

　　隋朝末年，隋炀帝荒淫无度，弃国家大事于不顾，整天沉迷于酒色和游山玩水之中，统治阶级内部分崩离析，于是全国各地的农民起义迅猛发展，渐成燎原之势。李渊是贵族的后代，手中握有关右十三郡兵。当时老百姓之中盛传"李氏当为天下"的谶语，深受隋炀帝猜忌的他，决定在这天下大乱之际密图霸业，起兵太原。在短短的时间内，李渊率军入主关中，东征西讨，南征北伐，扫荡群雄，收拾残破河山，建立了全新而强大的唐王朝。

　　在唐王朝的建立过程中，李渊和李世民的功绩一直为《旧唐书》《新唐书》和《资治通鉴》等史书所称道，而李建成所起的作用却绝少记载，甚至把他的为人贬得一文不值。有说他"荒色嗜酒，畋猎无度"的，也有说他"以庸劣居其右"。于是乎，在人们的印象中，李建成一直是一个无能的纨绔子弟。然而近年来，许多学者渐渐发现，新、旧《唐书》以及《资治通鉴》上关于李建成的记载并不可信。

　　早在清朝年间，著名的历史和考据学家赵翼，就在其《廿二史札记》中指出：一个朝代的国史如果是修于后朝，那么后朝的史官一定会据史直书；但如果国史是修于本朝的话，其中就必定会有曲笔回护之处。唐高祖和唐太宗两朝的《实录》《国史》都修于太宗在位期间，用赵翼的话说是"言多回护"。《旧唐书》的文义大多来源于唐朝的《实录》和《国史》的原文，因此，其中的许多记载是否完全属实就值得后人商榷了。《新唐书》与《旧唐书》的不同之处仅仅在于编撰义例和对文字的删简润色，从内容上说，大部分还是承袭《旧唐书》的，因此它的史料来源同样不太可靠。司马光修《资治通鉴》，出于维护正统的目的，唐纪部分的史料也多采自《实录》和《国史》，即便如此，他在《考异》中对于诸多记载李建成"恶行"的史料也表示了"史臣不无抑扬诬讳之辞，今不尽取"的愤愤不平。

　　陈寅恪先生在《唐代政治史述论稿》中肯定李建成是一个才智之人，绝非庸懦无能之辈。罗香林先生认为自义旗初举，以至攻克京师，建成与世民功绩相当。西河之克，固由二人之力，京师之克，则建成所部更有先登之功。他认为《资治通鉴》的庸劣之说是不足为训的。此后有许多学者开始注意李建成的所谓"庸劣"问题。

学者们指出，唐太宗李世民的皇位并非合法继承而来，他是通过喋血宫门的玄武门之变，逼父杀兄，才登上皇帝宝座的。这种行为显然不符合封建伦理道德，在封建统治者看来也就不能成为后世子孙的榜样，因此，唐太宗非常在意史官对自己行为的评价。在夺得皇位之后，他就着手修改国史，为自己辩护。史载李世民上台后曾不顾反对，坚持要看国史，房玄龄与许敬宗就删改国史为《高祖实录》《太宗实录》献上。由此看来，实录曾经被篡改是毫无疑问的。近人章太炎也认为："太宗既立，惧于身后名，始以宰相监修国史，故《两朝实录》无信辞。"

在否定了新、旧《唐书》和《资治通鉴》对于李建成的记载之后，学者们又找来了《大唐创业起居注》等比较客观和可信史料，对李建成短暂的一生做了一番新的探索和诠释。

他们认为李建成是李渊反隋活动的协谋者和组织者。李渊密谋反隋之时，李建成已经二十六岁，长期跟随李渊左右，深受李渊影响的他，养成了直率、深沉和宽容的个性。与年仅十七岁、在政治上还不太成熟的李世民相比，他更容易得到李渊的信任。在密谋反隋之时，李渊不可能抛开李建成而单独同李世民商量。李渊在太原起兵之前，一共有两个基地：一个是太原，由他自己和李世民共同组织；另一个则是河东，由李建成独立进行活动。河东是军事重镇，是通往关中的要地，由于李渊曾经在此追讨过农民军，所以有一定的政治基础，而且李渊有许多贵族亲属在关中。河东处于太原和长安之间，在河东进行活动，既可以接纳关中豪杰，有利于夺取关中，又可以响应太原，便于两个基地之间互相呼应。于是在大业十三年（617），李渊让李建成以照顾家属为名，暗中在河东联合各路英雄豪杰，并且让当地很有名望的人物协助他，以掩盖他的活动。而李建成也没有辜负父亲对他的期望，在当地倾其所有赈济百姓，广泛结交，招揽人才。只要是有一技之长的人，他便以礼相待，真诚相交，因此河东人士都争相加入起义军的行列。李建成的出色表现无疑为起义军积聚了强大的力量。当李建成赶赴太原参加起兵时，李渊高兴异常，并且让他担负统领军的重任。

李建成也是建唐军事战争的指挥者。从太原起兵到唐朝建立，李建成始终是领兵的主将，任左军统帅。李渊反隋的战役首先在西河打响。西河靠近太原，是唐军进入关中的第一关口，李渊很看重西河之战，认为它的胜利与否，将决定自己霸业的成败。为此，他把重任交给了李建成和李世民兄弟。为了提高军队战斗力，迅速夺取西河，在战斗之前，李建成进行了认真周密的部署：他制定严格的军法，整顿军纪，并且亲自查看西河地形，与将士们同甘共苦。他的行为使唐军将士受到了很大的鼓舞，于是军心大振。在战场上，唐军士兵个个奋勇杀敌，仅用了九天的时间便攻克了西河。李建成被封为陇西公，左领军大都督。

初战告捷之后，李建成又与父亲和弟弟克服重重困难，在四面受敌的强大压力之下，运用自己的勇气和智慧，出色地指挥了霍邑之战和潼关之战。唐朝建立以后，李唐统治者根据西有薛举，东有王世充、窦建德，北有刘武周、突厥，南有萧铣、李子通的局面，制定了首先巩固关中地区的统治，然后出关对关东群雄逐个歼灭的战略方针，开始了统一全国的战争。

此时李建成已被立为太子，由于太子是国家的储君，需要经常留在君主身边参理朝政，协助君主制定各项政策方针，所以对突厥的战争主要是由李世民领兵进行的。然而这些战役的胜利同李建成防御突厥、稳定后方、支援前线是分不开的。据史载，武德三年（620）七月，李世民讨伐王世充，李建成镇蒲州，防御突厥；四年（621）三月，李世民与窦建德征战，李建成北伐稽胡。

唐朝统一战争中的最后一个障碍是刘黑闼。刘黑闼曾经是窦建德的部将，于武德四年七月在河北起兵反抗李渊。李渊先后派李世民和李元吉征讨，虽然暂时取得了军事上的胜利，但是由于他们战后在当地实行"悬民处死"的高压政策，民心不稳，留下了很多后遗症。武德五年（622），刘黑闼再次起兵，声势浩大，很快又夺取故地。李建成在魏徵、王珪的建议下，请令征讨。他深切地体会到，历经隋末战乱的广大人民，渴望和平统一的社会环境和国家安定，于是接受魏徵的建议，改变以往的高压政策，对当地百姓进行安抚。为了扩大影响，李建成让被释放的士兵互相转告："若妻子获者，既已释矣。"这一举措不仅争取到了民心，而且还达到了瓦解敌方斗志的作用。结果刘黑闼的部队很快就解散了，刘黑闼本人也被唐军擒获，河北问题迎刃而解。此后，李建成又在武德五年、六年（623）和七年（624）多次防御突厥。这些战争的胜利，为唐初社会稳定打下了坚实的基础。

李渊于公元618年五月登基，根据自古以来"立嫡以长"的原则和在历次战争中的功绩，李建成于次月被确立为皇太子。李渊对李建成寄以厚望并且悉心栽培，为了培养他的治国才能，尽快适应新的环境和职责，他派了年高德劭、为官清廉、性格耿介的名臣李纲和郑善国辅助他处理各种军国政务。李建成很善于网罗人才，建唐前后，为国家招揽了许多谋臣猛将。许多人后来都成了唐太宗贞观时期的名臣，为贞观之治做出了贡献。比如：他的谋士魏徵，就在贞观年间以勇于谏诤而闻名，李建成对他相当尊敬；他的心腹武将冯立在贞观年间也有不俗的表现，还有名臣韦挺、李纲、郑善国等，都受到李建成的优待。

根据以上的种种分析，多数人认为李建成并非庸懦无能之辈，他有着相当出色的政治军事才能，在隋末唐初复杂动荡的时代风云中留下过不可磨灭的印记。他应该是一个值得肯定的人物，在历史上应该占有一定的地位。

李建成"庸劣"之谜的关键，是对史料真伪的

魏 徵

研究和断定。李建成的庸劣和唐太宗头上的神圣光环是互相联系的，如何确切评价仍需历史学界在今后的不断努力。

唐太宗废太子承乾之谜

太子称为储君，是皇位的继承者，是国家未来的领导者，因而立太子是各朝最重要的大事。唐太宗与历代帝王一样，十分重视太子的选择和培养。然而当他挑选了长子承乾为太子后，麻烦就接踵而至，不久又陷入了废立太子的烦恼之中。那么唐太宗为什么立了太子又想要废太子呢？

李承乾是唐太宗的嫡长子，武德二年（619）生于长安承乾殿，所以因殿起名。武德九年（626）十月，登上皇位的唐太宗立承乾为太子，而这年承乾只有八岁。

幼年的承乾十分聪慧，唐太宗看在眼里，特别喜欢。贞观四年（630）七月，唐太宗挑选了德高望重的李纲为太子太师，负责承乾的教育。李纲是个老夫子，每每以儒家君臣父子之道灌输给承乾，上课时"辞色慷慨，有不可夺之志"。年幼的承乾好像是真的懂了，"未尝不耸然礼敬"，对他十分敬重。唐太宗看到师徒俩这样的认真劲，心中十分满意。为了让承乾从小培养执政的能力，太宗还让承乾处理一些简单的政事，而承乾解决起来十分果断，颇识大体。

然而承乾生长于皇家深宫之中，没有接触民间疾苦，眼光短浅的毛病渐渐显现。皇太子无比尊贵的地位，加上他自我感觉很好，日渐染上奢侈、散漫的纨绔恶习。他张口闭口是忠孝，人前也显得十分沉稳，但背地里却十分喜好声色，与一帮小人浪荡无度。由于他很会伪装，许多朝臣都受他蒙骗，根本不知道他到底是怎样的一个人，只有唐太宗严厉的目光盯住他时，他才感到有所

唐太宗李世民

畏惧。唐太宗这时也发觉他问题很大，不过并没有想放弃他，认为他还很年轻，尽管身上有一些劣习，但还可以改掉，毕竟他还有可塑性，只要有好的老师指点，应该会成为一个好太子的。

李纲病逝后，唐太宗将教育的重任落到了太子左、右庶子于志宁、李百药的肩上。李百药发现承乾颇为留意典籍及爱好嬉戏，曾写了一篇《赞道赋》，以古代太子成败之事讽谏承乾，得到唐太宗的赞同。然而要让承乾真的听李百药的劝导，已经不太可能了，他依然故我。两年后，李百药灰心离职。贞观七年（633），唐太宗挑选了中书侍郎杜正伦为太子右庶子。杜正伦以直谏而闻名朝

野，唐太宗想让他与于志宁一起共同辅导太子。唐太宗最初还亲临东宫，了解承乾的学业进展。这时承乾得了脚疾，不能上朝，就避开了唐太宗对他的直接监督，一批群小乘机来到他身旁，引诱他更加走向嬉戏荒诞。杜正伦、于志宁的直言相劝都无济于事，承乾根本听不进他俩的话了。唐太宗知道后，十分不满。尽管如此，他还是没有丧失对他的希望，又挑选了名儒孔颖达为太子右庶子，想加强教育，让承乾改正缺点。孔颖达十分负责，一见到承乾有问题，马上板着脸进谏，可承乾却嬉皮笑脸，习性如故。太宗无奈，只得再次更换老师，于贞观十二年(638)任命张玄素为太子右庶子。

承乾一次又一次地辜负了父亲的期望，看着儿子的这副模样，唐太宗内心十分焦虑，父子骨肉亲情日趋淡漠，日子一长，太宗生出了厌恶之情。更为重要的是，唐太宗发现太子与他在政见上差距更大。唐太宗一直标榜以文治国，尊贤礼士，而承乾毫不理解父亲为什么要这样做，更不懂太子守成重在守文的道理，一味嬉戏废学，对突厥的尚武风习十分爱好。唐太宗即位后，大力倡导纳谏，也希望太子能像他一样，想不到承乾不喜谏臣，不纳善言，对父亲派给他的老师都是阳奉阴违。唐太宗思贤若渴，一旦发现贤才，必礼贤下士，而承乾不闻有爱贤好善之举，反而"私所引接，多是小人"，令太宗十分反感。

唐太宗对承乾十分失望，并渐渐有了废掉太子的念头。这时他发现皇子魏王李泰聪敏绝伦，开始对他宠爱起来，并在各方面给李泰不少优待，每月给魏王李泰经济上的供给超过了承乾。李泰被封为相州都督，却不赴任，可以留在京城。后来为了往来方便，太宗让李泰移居皇宫大内的武德殿，还特令魏王府设置文学馆。之所以要这样做，唐太宗主要是想渐渐树立李泰的威信，为有一天更换太子作好准备。

其时承乾也发觉了父皇对自己的日渐疏远和对李泰的偏爱，知道自己已经失宠，太子的地位岌岌可危，心中恼怒不已。前途的黯淡使他心灰意冷，萎靡不振，干脆破罐子破摔，自暴自弃，终日沉湎于酒色。他在东宫招来上百人扮作突厥人，奏胡乐，跳胡舞，挥舞着胡人的狼旗，还搭个胡人的毡帐，模仿胡人的军事布阵，手中拿着胡人的短剑厮斗，甚至还让人烧柴烤着全羊，拔出佩刀一点点割着吃。他自己还比作是可汗，假装突然死了，让众人依胡人风俗在死尸边上嚎啕大哭，将东宫弄得一片乌烟瘴气。他私下收养了一个小乐伎，整日和她寻欢作乐，对她十分宠爱。唐太宗知道后，派人将小乐伎杀了，这使承乾伤心无比，在东宫中为她设灵堂，筑坟凿碑，早晚祭奠，痛哭流涕，还装着身体不舒服几个月不上朝，其实是不愿见父皇。

为了保住自己太子的位子，承乾开始行动了。他与党羽商量对策，准备了两个计划。他们首先派出刺客纥干承基暗杀魏王李泰，认为只有除掉嗣君的竞争对手才能保证自己的地位，但想不到这一计没有成功。第一个计划不行，退而求其次，就着手第二个，即在万不得已的时候孤注一掷，发动宫廷政变，让唐太宗退位当太上皇，用武力登上皇位。

承乾的不轨行为令唐太宗十分痛心，他在更立太子问题上犹豫不决，他仍幻想承乾能思过改变自己的行为。直到贞观十六年（642），他还派出魏徵为太子太师，以加强对承乾的教育。魏徵是一个坚决主张立嫡长子继承皇位的人，所以唐太宗想让他对承乾做最后的努力，因为只有魏徵还会全心全意想让承乾走向正路。

贞观十七年（643），魏徵病亡，挽救承乾的最后努力破灭。魏王李泰眼见自己接近皇位了，就露出了咄咄逼人的态势。承乾无法可想，只能加快谋反的步伐。与承乾一起的汉王李元昌、吏部尚书侯君集、驸马都尉杜荷等人，本来只是与唐太宗有点小的不愉快，在承乾的影响下，同病相怜，几个人凑在一起，决意反叛。大家都割臂起誓，用帛拭血，烧成灰后和着酒一起喝下去，嘴上念了几句同生死的话，决定到合适的时机偷偷奔袭唐太宗的寝宫。

想不到这时发生了一件事。贞观十七年二月，在齐州的齐王李祐谋反。消息传来，承乾十分高兴，对手下的纥干承基说："我宫西墙，离大内只有二十多步，如果我和你要弄点事情出来，难道是齐王可比的？"齐王的叛乱很快被平定了，一干人等被带到长安审问，想不到事情牵连到纥干承基。四月，纥干承基受不住审讯中的用刑，供出了承乾密谋发动政变的方案。唐太宗立案审理，让长孙无忌等众大臣组成专门法庭审理这件事，在觉得证据齐全之后，太宗派出禁军以迅雷不及掩耳之势快速拘捕了承乾及其党羽，一场还未发动的政变就这样流产了。汉王李元昌被赐死，侯君集以及众人都被处以极刑。几天后，太宗下诏废太子承乾为庶人，关押在右领军府。几个月后，又流放承乾到黔州。到了黔州没多久，承乾就不明不白地死了。

一个皇太子，走向了可悲的结局。

唐高宗恋母心理之谜

唐高宗李治历来都被一些人看作是昏懦之君，被武则天以媚术迷惑，致使李唐王朝大权旁落。其实在这段历史时期，唐高宗的作用往往被人们忽视了。事实上，高宗之所以会如此迷恋武则天，是由于他的恋母心理，使他对武则天产生了一种似母亲又似情人的感情。

现代心理学证明，儿子有一种强烈地渴望母亲的照料、保护、无处不在的爱和赞许的欲念。这种心理被称之为恋母心理。具体到唐高宗李治，就是指他对其母长孙皇后的依恋和爱恋。那么，长孙皇后在高宗的心里是怎样的一个形象呢？

长孙皇后是唐太宗李世民的原配夫人，并为其养育了三个儿子。长子李承乾、四子李泰、九子李治。李治最小，自然最得母亲的宠爱。史称长孙皇后喜好读书，做事必按礼法。对她的公公唐高祖十分孝顺，又贤德宽厚，与后宫众嫔妃皆能融洽相处，待宫中诸王子、公主犹如自己亲生儿一般，因此宫中无不爱戴。在李治幼小的心灵中，母亲是温柔而又慈爱的。

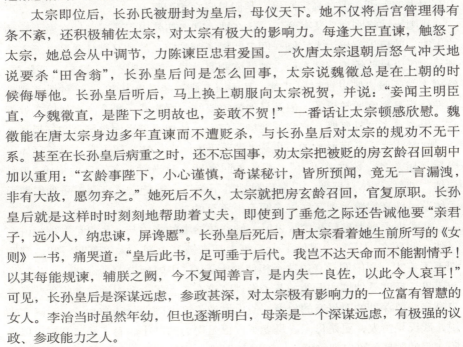

在唐朝创业之初，长孙氏随李世民征战南北，与她的哥哥一样，为唐朝的创建立下了大功。在玄武门之变中，李世民杀兄逼父，这和时人的道德行为是不相符合的。关键时刻，是长孙皇后挺身而出，亲慰将士，使军心大振，一举歼灭了李建成、李元吉的势力，使李世民顺利地登上了皇位。随着年龄的增长，李治逐渐感悟到，他的母亲是英明果断、不让须眉的女中豪杰。

太宗即位后，长孙氏被册封为皇后，母仪天下。她不仅将后宫管理得有条不紊，还积极辅佐太宗，对太宗有极大的影响力。每逢大臣直谏，触怒了太宗，她总会从中调节，力陈谏臣忠君爱国。一次唐太宗退朝后怒气冲天地说要杀"田舍翁"，长孙皇后问是怎么回事，太宗说魏徵总是在上朝的时候侮辱他。长孙皇后听后，马上换上朝服向太宗祝贺，并说："妾闻主明臣直，今魏徵直，是陛下之明故也，妾敢不贺！"一番话让太宗顿感欣慰。魏徵能在唐太宗身边多年直谏而不遭贬杀，与长孙皇后对太宗的规劝不无干系。甚至在长孙皇后病重之时，还不忘国事，劝太宗把被贬的房玄龄召回朝中加以重用："玄龄事陛下，小心谨慎，奇谋秘计，皆所预闻，竟无一言漏泄，非有大故，愿勿弃之。"她死后不久，太宗就把房玄龄召回，官复原职。长孙皇后就是这样时时刻刻地帮助着丈夫，即使到了垂危之际还告诫他要"亲君子，远小人，纳忠谏，屏谗慝"。长孙皇后死后，唐太宗看着她生前所写的《女则》一书，痛哭道："皇后此书，足可垂于后代。我岂不达天命而不能割情乎！以其每能规谏，辅朕之阙，今不复闻善言，是内失一良佐，以此令人哀耳！"可见，长孙皇后是深谋远虑，参政甚深，对太宗极有影响力的一位富有智慧的女人。李治当时虽然年幼，但也逐渐明白，母亲是一个深谋远虑，有极强的议政、参政能力之人。

可惜，如此温柔慈祥、英明果断的母亲竟然在李治九岁时永远地离他而去了！九岁的孩子，正是享受母爱的年龄，失去母亲使他痛不欲生。"哀慕感动左右，太宗屡加慰抚"，母亲的早逝给高宗的心灵带来了深重的创伤。

心理学大师弗洛伊德认为："在男人身上，当他们还小的时候，母亲以及其他照顾他们的女性对他们的情爱，日后出现在记忆里，也是一份重大的力量，指导他们去趋向女人。"对母亲的爱使男孩"总在寻找一个能代替母亲形象的女人，因为这个形象从他最稚嫩的年代开始，早已统辖着他的心灵"。这段话用在李治身上是极其适合的，因为他的心灵的确是被他母亲占据了。

勾利军教授认为，之后十多年，李治对母亲的思念更深了，他在潜意识中一直在不断地寻找与母亲相似的女人，直到他遇到了武则天。

李治与武则天初遇时，还只是个年轻的太子。武则天则刚刚入宫，是太宗的才人。当时李治身边并不缺少女人，但武氏的成熟稳健以及她颇似长孙皇后的气质深深地吸引了高宗。很快，武则天就由太宗的后妃变成了高宗的情人。而到永徽年间（650—655），高宗在感业寺又见武媚娘时更是感慨万分，相对落泪。此时的武氏历经坎坷，更透露出一种成熟女人的风韵，一种颇似母亲的气息，这强烈地吸引着高宗。

此时的高宗，初登帝位，心情十分压抑。一方面，他懦弱的性格使他无法驾御群臣；另一方面，辅政大臣以长辈自居，时时拿太宗来压他，动辄训导，使得高宗除了点头答应外毫无发言权。太宗虽死，但消失的只是他的肉体，他的余威仍旧压在高宗身上，甚至笼罩着整个朝廷。此时的高宗多么希望能得到母亲的支持和安慰啊！就在这时，武氏再次出现。虽然武氏与长孙皇后实际上有很大的差别，但在高宗眼里，她们是多么相似啊！

武则天性格刚烈，又有豪气。这在她入宫之初就表露无遗。她在做太宗的才人时，曾自告奋勇为太宗驯一匹名叫狮子骢的宝马。此马肥壮暴烈，无人能驯。武氏说只要给她三样东西，她就能驯服此马："一铁鞭，二铁挝，三匕首。铁鞭击之不服，则以铁挝挝其首，又不服，则以匕首断其喉。"这种勇武刚烈的性格正是高宗所缺乏的，但又是他最需要的。看来武氏最令高宗倾倒之处就在这里。有了这种气概，高宗就能增强信心，使他在群臣面前挺直腰杆说话。

同时，武氏又是温柔的。史称"武氏巧惠，多权数，初入宫，卑辞屈体以事后，后爱之，数称美于上"。武氏重回宫后，对当时高宗的皇后王氏"卑辞屈体"，服侍得体贴周到，王皇后对她赞不绝口。她侍奉高宗则更是加倍地温柔体贴，使高宗感受到了如母亲般无微不至的关怀。

在武则天当上皇后和参政之后，她在政治上的能力与才华更是发挥得淋漓尽致。武氏在太宗身边服侍了十二年，却未被其重视。太宗英明睿智，慧眼识天下英才，却偏偏对身边这个相伴数十年的"中国历史上最奇特之人物"视而不见。反倒是他懦弱无能的儿子发现了这个奇女子，并对她依恋终生。是来自高宗心灵深处的对母亲的挚爱，使他发现了这个颇似母亲的女子。对高宗来说，武氏是情人，更是母亲；是妻子，更是得力的助手。有了她，高宗可以摆脱太宗的阴影，可以驾御群臣，可以开创另一个"贞观之治"。事实也证明，武氏的能力并没有让他失望。

李治历来被一些人看成是昏懦之君，被武则天以媚术迷惑，致使李唐王朝大权旁落。在对唐高宗——武则天这一时期的历史研究中，高宗往往是被研究者忽视的一个人物。如在高宗册封武则天为后一事上，许多学者或立足于武后自身条件和她的主观努力；或着眼于社会环境，强调事件的客观背景，对高宗在这个事件中所起的作用却极少有论及。事实上，最先提出立武氏为后的，是高宗；最后拍板决定的，还是高宗。他的恋母心理，使他对比自己年长四岁的武则天产生了一种似母亲又似情人的感情，也给予他力量去与反对者争执，甚至是去反抗舅舅辅政大臣长孙无忌。高宗的恋母心理，在对武则天的依恋中表现无疑。

勾利军教授以女性的眼光细腻地分析了唐高宗的心理活动，为我们展现了高宗和武则天关系的一个特殊之谜，相信会引起许多读者的共鸣，促使大家进一步思索。

武则天身世之谜

传说武则天尚在襁褓中时，有一天，精通相术的袁天罡为武氏一家人看相算命。当他看到穿着男装的武则天时，大为震惊，说："此君龙睛凤颈，贵人之极也！"又说："若是女，当为天下主也。"后来这个襁褓中的女婴果然成了女皇帝。武则天的身世当真充满着传奇色彩吗？

武则天是中国历史上唯一的女皇帝。关于她的研究，一直是中外唐史学界的一个热点。对武则天的身世研究，常有不少论著谈及，并不断有新的见解推出。

初唐四杰之一的骆宾王说，武则天的家世"地实微寒"，今天看来并不是没有道理的。不过翻开武氏家谱，赫然有周文王姬昌、周平王少子的字样，却让人百思不得其解。难道她是西周国王的后代？家谱上记述的周平王少子到底是谁，在历史上有何事迹记载，今天已一概不清，因为此人连名字也不见于史料记载。民间有这样一种讲法，说是周平王少子出生时，手上有"武"字的印记，于是他的后代就以此为姓，此说真假尚待考证。周平王少子之后的谱系也是漏洞百出，他的后裔人物与年代、官职、封爵往往挂不上钩，显然是后人胡乱编造的。武则天本人自认为是西周王室之后，在她登基之后，追封周文王姬昌为始祖文皇帝，周平王少子为睿祖康皇帝，实在有些不伦不类。历代开国皇帝都喜欢与前代皇室或豪门大家族攀上些关系，以显示自己的出身高贵。武则天此举不难理解，但事情往往弄巧成拙，她的胡乱攀亲反而显得欲盖弥彰。看来武则天出身寒微是不会错的。

武则天的父亲武士彟是山西木材商人，新、旧两《唐书》中都有他的列传。武士彟的先祖居住在安徽宿县。六代祖名洽，是魏国的平北将军、五部尚书，被封为晋阳公，因此徙家于北国文水。五代祖神龟，曾当过国子监祭酒。高祖克己，官至本州大中正、越王长史。曾祖居常，北齐镇远将军。祖俭，后周永昌王咨议参军。父华，隋东郡丞。从武则天的家世来看，也算个官宦人家，但世无名人。到武士彟只能以经商为主，当然他可以算个庶族子弟。

武则天登基后，令李峤撰写《攀龙台碑》，对其父早年的事迹大加吹嘘。称隋文帝晚年，坐镇东方的汉王杨谅曾亲率门客登门造访，请他出山。武士彟不得已来到京城，满朝文武官员见到他无不敬仰，宰相杨素还因妒忌他的才能想加害于他。这些事迹明显是后人编造，不足为凭。武士彟早年做木材生意，抓住了隋炀帝大业年间（605—618）大兴土木的发财机会，成了家财万贯的富商。他是善于经营的商人，但同时他又不安于经商，投机取巧，结交权贵，想在政治上也有所发展，能够光宗耀祖。

武士彟真正发迹在李渊太原起兵时。武士彟与李渊相识较早。隋炀帝大业十二年（616），李渊为太原留守，武士彟跟随他一起征讨反隋的武装力量。李渊路过武家时，武士彟曾经招待过李渊。义宁元年（617），眼见隋王朝的统治江河日下，武士彟暗中劝李渊举兵，并进兵书及符瑞。李渊大喜，说："幸勿多言。兵书禁物，尚能将来，深识雅意，当同富贵耳。"随即开始招募兵勇，悄悄地准备反隋。太原起兵后，武士彟被任中郎将兼司铠参军，主要掌管军帐兵器。李渊向关中进发，一路上武士彟频立汗马功劳，为军需物资的供应做出了较大的贡献。李渊建唐后，论功行赏，武士彟被列为二等功臣，拜上柱国、金紫光禄大夫、散骑常侍兼检校并钺将军，赐田三百顷，奴婢三百人，彩物两万段，黄金五百斤，食实封五百户。

也有人认为武士彟在初唐的战争中并没有立下什么功绩。李渊起兵时，武士彟任大将军府铠曹一职。铠曹"掌兵械、公廨与缮、罚谪"，相当于现在的后勤部部长，负责军队装备等后勤工作，并不是直接参与军事指挥的。唐朝建立后，他加官进爵，从一个富商变成了朝中贵宦。武德元年（618）表彰的十六名"太原元谋勋效者"中位居十二，俨然一副开国功臣的模样。

但武士彟在唐朝建立的过程中，并没有立过什么特殊功勋，甚至在太原起兵前，他的态度还有些摇摆不定。他一面劝李渊起兵，说梦见李渊乘马飞云，入京升为天子，还献上了兵书。一面又受到隋炀帝派来监视李渊的王威、高君雅的信任，左右逢源于李渊和王威两派之间。而李渊对他的两面派也早有认识。因此，太原密谋起兵之事，李渊并没有让武士彟参与。那么他的元谋功臣身份是怎么得来的呢？人们推测可能是因为武士彟在一定程上代表了山西地方势力，这对李渊十分重要。北周隋唐三代政权，实际上都是依靠山西一带大家族的全力支持才能在关中立足的，李渊要建立唐朝就必须争取山西地方势力的支持。李渊起兵之时，处处需要用钱，武士彟等一班商人的贡献自然非同一般，因而在唐建国后，李渊会给予武士彟特别的赏赐。

在唐朝为官后，武士彟颇受赏识，他的表现令皇帝非常满意。武德初年，他在乡下的两个儿子和妻子先后病死，唐高祖表彰他："此人忠节有余，去年儿夭，今日妇亡，相去非遥，未尝言及，遗身殉国，举无与比。"于是亲自替他做媒，把原隋朝宰相杨达的女儿杨氏嫁给他，撮

唐高祖李渊

合了这门孕育武则天的婚事。

杨氏家族自称出自弘农（名门大家）。自东汉年间出了号称"关西孔子"的杨震后就名声大作，成为天下首屈一指的名门。杨氏六代祖铉，系燕北平郡守。五代祖兴，后魏新平郡守。高祖国，后魏中散大夫。曾祖定，后魏都督、新兴太原二郡太守、并州刺史，封晋昌穆侯。祖绍，后魏征西将军、金紫光禄大夫兼通直散骑常侍、骠骑大将军，北周开府仪同三司。父达，隋雍州牧司空观王士雄、道抚二州刺史邢国公士贵之弟，北周同内史下大夫，封遂宁县男，隋黄门侍郎、吏部刑部二侍郎、尚书左右丞、纳言。杨家不仅世有达官，而且是杨隋皇室的亲戚，门第相当显赫，是关中士族中的高门。

杨家的高门与武家仅是个一般的庶族家庭，在南北朝时期是无论如何不能想象会结合到一块儿去的。武士彟这样一个商人出身的暴发户，若不是隋亡而杨家衰弱，加上又是唐高祖亲自主婚，恐怕根本娶不到杨氏。

虽然母亲家世显赫，武则天的血统里有一半是高等世族的血统。但按照当时的门第按父系论的风俗，武士彟只不过是一个木材商人，虽然他后来位列开国功臣，官至三品，仍改变不了他家世寒微的事实。唐太宗贞观年间（627—649）修的《氏族志》就没有把武氏列入望族。连突厥人都称"武，小姓"，拒绝武则天的侄孙与可汗之女的婚事，认为武姓的王爷不配与可汗攀亲。

当然，也有学者认为武士彟虽然早年是庶族，但入唐后已变为显贵，又与杨氏联婚，已从农商庶族上升为望族了，而武则天更是出身于公侯之家的小姐。但是，持这一观点的研究者却没有解释为什么《氏族志》"不叙武氏本望"和突厥人称武为小姓。反驳者认为他们回避了这个问题的实质所在。

近几年，有学者提出了一个大胆的猜测，认为武则天的母亲杨氏的出身有伪造的痕迹。因为武则天当上皇帝后，杨达的儿子并没有得到"舅舅"的待遇。由此大胆推测，杨氏不是隋宗室杨达之女，可能是一个出身寒微的女子，甚至可能是杨达家中的侍女、乐伎之类。此说十分新颖，不过附和者不多。

其实，不论杨氏出身如何，武士彟总还是一个商人出身，其家世并不显贵是毫无疑问的事实，不管武则天怎么粉饰家世，始终是一个木材商人、政治暴发户的女儿。武氏家世中一些谜案的存在，更使我们对武则天这个人物充满着好奇和兴趣。

宰相裴炎被杀之谜

684年，武则天以谋反罪名杀死了宰相裴炎。当裴炎被抓后，朝中一片哗然，大批官员为裴炎申冤辩护，但最终都受到了严厉的惩处。是什么原因导致了武则天决定除掉裴炎的？真是武则天所说的谋反，还是另有其他原因？

　　裴炎，唐高宗病重时拜相，受遗诏辅佐中宗，是当时的元老顾命大臣，对唐王朝忠心不贰。中宗即位初，重用韦后家族，欲以韦后之父韦玄贞为侍中，裴炎坚决反对，引起中宗不满。裴炎惧，乃与武则天密谋，废中宗为庐陵王，立豫王旦为帝。武则天临朝称制，裴炎与她的矛盾日益突出，光宅元年（684）遭到了杀身之祸，被处斩于洛阳都亭，朝廷上下震惊不已。那么，武则天为什么要杀死裴炎呢？

　　武则天杀裴炎时冠以谋反罪，一些人认为这确有其事。欧阳修在《新唐书》中说："豫王为帝后，不管天下政事，大权全部握在武太后手里。裴炎想在武太后出游龙门时，派兵把她抓起来，还政于天子。恰巧当时天一直下雨，太后不出门，其事也就没有做成。"动用军队抓太后，日后说他谋反的确是可以成立的。《朝野佥载》中也谈到了裴炎的谋反，不过是另一回事。故事大致上是这样的：裴炎为中书令时，徐敬业打算谋反，命骆宾王设计让裴炎一起参加到反武队伍中。骆宾王两足踩在墙壁上，静静地思索了一段时间，写成了一首歌谣："一片火，两片火，绯衣小儿当殿坐。"他先是教裴炎家里的小儿朗读，一传十，十传百，京城里的小儿都会唱了。裴炎想寻找学者破解这首歌谣，就找到了骆宾王。裴炎给他许多宝物锦绮，骆宾王一言不发。裴炎又用音乐妓女骏马贿赂他，骆宾王还是不语。两人一起观看裴炎家里的古忠臣烈士图，骆宾王神色很严肃地说："此英雄丈夫也。"于是说起自古大臣执政，常会改换社稷，裴炎听后十分高兴。裴炎问谣言中的"片火""绯衣"是什么意思，骆宾王北面而拜说："你就是真人也。"裴炎于是就与徐敬业等一起合谋怎样反对武则天。扬州起兵后，裴炎作为朝廷中的内应，写了一封信给徐敬业，内中只有"青鹅"二字。有人告发了他，朝中官员不能破解二字的意思，武则天看后说："这个青字，拆开来就是十二月；鹅字，就是我自与也，即我参加的意思。"于是决定把裴炎杀死。

　　这则绘声绘色的故事，使一部分人相信裴炎的谋反确有其事。有人认为裴炎为人并不光明磊落，是一个妒功害能、气量狭小的人，平时大家对他很有意见。他勾结徐敬业是确有其事，所以武则天屡说"炎反有端"，招致杀身之祸也就难免了。

武则天

　　有许多人不同意这种说法，他们认为武则天杀裴炎其实是武则天不能容纳异己的结果。他们认为《朝野佥载》虽然成书较早，但小说成分居多，所载的事情经过充满了丰富的想象，缺乏事实根据。裴炎的谋反，其实是武氏集团的诬陷，两《唐书》和《资治通鉴》都不载他与徐敬业有勾结，《通鉴考异》认为这些记述"皆当时构陷炎者所言耳，非其实也"。而从裴炎的表现来看，也无与徐敬业等人合谋的迹象。徐敬业等人起兵时是以匡复庐陵王为口号，怎能以裴炎为帝呢？

〇一二

身为宰相的裴炎，如果仅凭骆宾王的几句歌谣就想称帝，那也太不近情理了。

那么是什么原因促使武则天下毒手杀裴炎的？有人指出，睿宗即位后，武则天仍以太后身份临朝称制，裴炎效忠李唐王室的行为势必和武则天发生矛盾。先是裴炎反对武则天追王自己的祖先、立武氏七庙，后是徐敬业起兵反武后，武承嗣、武三思屡请武则天找借口杀掉韩王元嘉和鲁王灵夔，以断绝叛军宗室之望，执政者都不敢表态，只有裴炎力争不可，引起了武则天对他的嫌恶。徐敬业起兵最紧张的时候，裴炎向武则天进言说："皇帝你年纪已经很大了，没有必要凡事都亲政，使得徐敬业之类的猾竖之人有话可说。如果太后还政，像这样的乱贼不讨伐也可以破灭。"听了这样的话，武则天不被激怒才怪呢。在武则天要改朝换代之际，身边却有着这样一个唐室忠臣，这就是裴炎真正的死因。

也有人认为裴炎确实没有谋反，但并不因为他是唐室忠臣就遭到武则天的憎恨。主要原因是裴炎两次得罪武则天后，认识到自己处境很危险，所以在徐敬业起兵后，不积极平叛，反而让武则天交权，这是为了个人的前途利益，置国家和人民的利益于不顾，遂遭杀身之祸，其被杀完全是咎由自取。而不同意这种看法者认为既然裴炎自知处境危险，身居高位的他为了保全自身，理应做出一些迎合武则天的姿态才是，相反却希望藉此劝武则天还政，这只能表明裴炎对李唐王朝的忠心和在政治上的幼稚与天真。

武则天最终决定杀裴炎的原因，到底是像武则天说的谋反，还是如一些人说的因为他是唐室忠臣，或为了一己私利，这还需人们进一步探索。在武则天执政时期，酷吏政治的特点非常鲜明，滥杀无辜时有发生，裴炎难道也是当时的牺牲品？如果确是这样，就真正成了唐朝历史上的一大悲哀。

永泰公主死因之谜

西安乾陵附近的永泰公主墓是我国著名的旅游景点。它于1960年被发掘，曾出土三彩骑俑、彩绘木俑、生活器皿、彩色壁画和石雕线刻画等大量珍贵文物。随着这些文物的发掘，尤其是永泰公主墓志铭的出土，在史学界引起了一场不小的争论，因为志文上对于公主死因的记载和史书上有很大的不同。

永泰公主李仙蕙，是唐高宗李治和女皇武则天的孙女，中宗李显的第七个女儿。死于公元701年，年仅十七岁。初葬河南洛阳，706年迁回长安，陪葬乾陵。

关于公主死亡的经过，《旧唐书》《新唐书》和《资治通鉴》均有明确的记载。当时武则天年事已高，许多政事都委托张易之兄弟办理。邵王李重润和他的妹妹永泰郡主以及郡主的丈夫魏王武延基在背后偷偷议论张易之，被张发现后，告到武则天处。武则天大怒之下逼令他们三人自杀。由于三部正史都把整件事情写得清清楚楚，所以，永泰公主死于李重润一案，一直以来，史学家们都没有什么异议。

然而，自从1960年发掘永泰公主墓，出土了公主的墓志铭之后，就逐渐有学者对公主的死因提出了不同的看法。他们认为史书与志文的记载有很大的不同，而且史书对于李重润一案在记载上有许多违异之处。例如关于李重润、李仙蕙、武延基三人的死亡时间，新、旧《唐书》及《资治通鉴》的记载各不相同，有的记年，有的记年记月，有的则是年、月、日都记，与志文上刻的永泰公主的死亡时间有所出入。因此他们推断永泰公主并非与武延基等同时遇害。又如关于李重润一案遭杀害人数，三本史书也分别有三人、二人、一人三种说法。关于三人之死的方式，三本史书有"杖杀""皆逼令自杀""令自杀""得罪缢死""缢杀之""杀"等不同的记载。综合以上三大疑点，加上永泰公主墓志铭上有"珠胎毁月，怨十里之无香；琼萼凋春，恣双童之秘药"和"自蛟丧雄锷，鸾愁孤影，槐火未移，柏舟空泛"等字样，学者们推断李重润一案并未波及到永泰公主，丈夫武延基死后，她还孤单地生活，而最终导致她死亡的原因是难产。

当然，并不是所有的人都同意以上的观点，也有学者坚持正史的说法，认为永泰公主的确为武则天所杀。在他们看来，新、旧《唐书》和《资治通鉴》在三人死亡时间的记载上，只有详略的差别，没有年、月、日的混乱和矛盾，而且通过计算，史书所记的三人死亡时间（九月壬申，即九月初三）与墓志所记永泰公主之死亡时间（九月初四），相距仅一天，由此并不能推断出公主并非与李重润等同时遇害。关于死亡的人数，三本史书之所以记载会有不同，是由于同一事件在一本书中多次出现，作者为了行文的需要，有主次和详略的安排。所以，这也不能说是史书之间互相违异。至于三人之死的方式虽说有许多不同的说法，但是遭杀害这一点是一致的，而且除了"杖杀"之外，其余记载均属赐自尽的方式。他们还认为唐代就有对罪犯在律外先行决杖的惯例。至于死刑，唐代也有先决杖，后行刑的惯例。所以，李重润以大逆之罪在被武则天赐令自杀之前先行决杖，是符合当时国情的。而从小娇生惯养的李重润很有可能经不起杖打的痛苦，在行杖刑时就一命呜呼。因此，"令自杀"和"杖杀"也就不矛盾了。

排除了以上的疑点，接下来最大的问题就是，史书的记载为什么会和墓志铭的记载有所不同？学者们认为这与墓志铭的作者在当时的处境有关。给一个遭杀害的死者写墓志，如果直书死因，往往会给死者及其家属、后代带来难堪，尤其被害的人与自己是差不多时代的人，又贵为公主，若写不好，不仅牵涉到整个皇族的颜面问题，很可能自己的项上人头就要不保，所以作者只能采取避重就轻的办法，巧妙地避开死亡的真正原因，或者说是关键原因。永泰公主难产可能确有其事，因为她当时毕竟只有十七岁，身心发育也许都还未健全，而且据出土的永泰公主的尸骨看，她的身材也很娇小。但是并不能就因此断定她的死与武则天毫无关系，说不定她就是被武则天用明的或暗的手段使之流产而丧生的。因此难产只是永泰公主死亡的次要原因，其主要原因还是祖母武则天的迫害。

没有想到，一块墓志铭的出土竟会使原本明明白白的一段历史变得扑朔迷离，究竟永泰公主是因何而香消玉殒，可能还要等待学者们更加深入的研究，才能最终揭开谜底。不过这毕竟是有相当难度的！

武则天长子李弘死因之谜

女皇武则天曾亲手杀死了自己的长子吗？自唐朝开始的史书上大多是这样认为的，这是真的吗？有人认为武则天并没有杀自己的儿子，而是另有原因，这可信吗？孝敬皇帝二十四岁就完成了他的人生路，留给了后人无法破解的谜团。

孝敬皇帝李弘是唐高宗第五子，武则天所生长子。显庆元年（656）被立为太子，数次受命监国。然而，年仅二十四岁的李弘却在上元二年（675）跟随父母从幸洛璧宫时突然死去。李弘死后，谥孝敬皇帝，庙号义宗。李弘年纪轻轻，怎么会突然离世？

由于他与武则天的特殊关系，自唐以来人们一直疑窦丛生，把李弘之死与武则天联系在了一起。无论是官方还是私人撰修的史书，如新旧《唐书》、《唐会要》等，均明言李弘是被其母亲武则天鸩杀的。一般人都相信这一观点，因为从武则天的一生来看，其滥杀无辜是众所周知的事实，一旦母子关系破裂，残杀亲生儿子也是十分有可能的。

采信这些史书观点者认为，李弘自小就得到良好教育，仁孝谦谨，对士大夫十分有礼貌，能体察民间疾苦，深得中外人心。高宗特别喜欢他，想尽一切办法培养他的办事能力。当高宗出幸东都时，下诏让他监国。当时关中发生饥荒，禁军中的一部分士兵在吃榆树皮，李弘见后，就悄悄地让家令寺送粮食给他们。咸亨四年（673）八月，高宗得病，遂让李弘"受诸司启事"，即接受批阅各个部门上奏的报告，实

唐·三彩武士俑

际上高宗想让李弘一点点接替自己的工作。高宗感到自己的身体不是很理想，一旦自己有个三长两短，太子要做好接位的准备。武则天见到自己的儿子已长大成人，能力也越来越强，但问题是她自己渐渐迸发出要代李氏为皇的强烈欲望，李弘就成了妨碍她临朝称制的最大障碍，所以想了办法把李弘杀死。《旧唐书》卷一百一十六明确说："天后方图临朝，乃鸩杀孝敬。"这种说法中唐时期很有市场，如李泌曾对唐肃宗说："孝敬皇帝，为太子监国，仁明孝悌。天后方图临朝，乃鸩杀孝敬，立雍王贤为太子。"后来的史书自然就全部采信了。

武则天要把李弘杀死的第二个原因是她与儿子之间矛盾重重，到了后来竟然是不可调和。义阳、宣城二公主因为与武则天发生了矛盾，被她关在掖庭内。两位公主是萧淑妃所生，武则天当然是不能相容的，两人被关到四十多岁还不让出嫁。李弘知道后对两位姐姐动了怜悯之心，奏请父母亲让她们下嫁。武则天大怒，马上将两位公主嫁给了当时在执勤的卫士。这件事使武则天对李弘产生了看法，从此李弘与武则天关系不和，并且失去了母亲的垂爱。李弘选妃也没有如自己的愿望，与母亲的武氏家族发生了严重的矛盾。李弘最初想选的是司卫少卿杨思俭的女儿，这位女孩子知书达理，人也长得极为端正漂亮，有大家闺秀的风范，李弘十分喜欢。不料这个女孩子被武则天的外甥贺兰敏之相中，明明知道李弘打算娶她，婚期也已定好，却粗暴地强奸了她，使李弘的婚事落空了。武氏家族对李弘如此污辱，这口气他无论如何是无法咽下的，对于他脸上露出的对武氏家族的仇恨，武则天绝不可能无动于衷。至于武则天到底是如何下手的，由于事情是秘密进行，史书记录十分简略，我们仅知是在酒中下了毒。李弘突然死去，"天下莫不痛之"。

李弘被他母亲武则天杀害，这个看上去不应该成为争论的问题近年来却被一些学者重新提了出来。他们在对《新唐书》《全唐文》等书研究后，发现李弘有可能不是被杀害的。《新唐书》载有高宗的诏书说："太子婴沈瘵，朕须其痊复，将逊于位。弘性仁厚，既承命，因感结，疾日以加。"意思说太子李弘一直有"瘵"这种疾病，高宗本想待他病好了后传位给他。瘵就是结核病，一种由结核杆菌引起的传染病，在古代是很难治愈的，常常会致人于死地。李弘以太子身份监国时实际上已经得了这种病，由于他带病理政，以致太劳累了，加重了病菌的侵袭，最终病情恶化死在合璧宫。

持这种观点者认为，《新唐书》和《唐会要》是记录李弘被鸩最直接的史书，但这几本史书都编于五代及北宋，它们录入了许多唐人的观点。从中唐开始，当时的社会对武则天已经有了特殊的看法，人们很难接受一个女人曾经篡夺政权当上皇帝这一事实，所以整个社会对武则天抱着很深的成见，大家都在尽可能把武则天描绘成一个十恶不赦的女暴君。《新唐书》等书的记载有史料的来源，不会是凭空想象的，但必定会继承唐人的观点并加入作者个人的好恶观念，因而并不能强有力地证明是武则天杀了李弘。司马光编《资治通鉴》时比较实事求是，说："《实录》《旧传》皆不言弘遇鸩。"又云："弘之死，其事难明，今但云时人以为天后鸩之，疑以传疑。"显然，李弘是被鸩杀的在唐代就有人说起了，但司马光认为这件事是有点说不清道不明的。

通常认为李弘与母亲交恶是由于李弘替二位公主讲了几句公道话，这也说不通。当时武则天确是一怒之下把两位公主许配给了卫士，但她与李弘的结怨其实根本没有必要，因为李弘的所作所为根本不可能影响武则天的当政和夺权，其时的武则天早就大权在握，号称"二圣"。更何况从时间上说也有一些问题，因为此事发生在咸亨二年（671），距离李弘死的时间约有四年，凭借武则天的个性，真要杀人，无论如何不可能等上四年的。李弘早已痨病缠身，死亡是早晚的事，武则天与其要冒风险去把他杀死，还不如静静地等他自己撒手离开人间。如此，说李弘是被武则天鸩死的是不能成立的。

司马光说李弘之死"其事难明"，直到今天，人们仍无法取得一致的看法，看来这的确是个难解的千年之谜。

张易之、张昌宗死因之谜

张易之和张昌宗是武则天一生中最为喜爱的两位男宠。从现存的史料来看，他们兄弟二人自入宫起便一直尽心尽力地伺候武则天安享晚年，但是最后却因"谋反"罪而被诛杀，这到底是怎么一回事呢？

根据两《唐书》和《资治通鉴》等史书的记载，张易之和张昌宗兄弟是因为"谋反"而在神龙元年（705）爆发的宫廷政变中被张柬之、敬晖等人率领的羽林军所杀害。

如《旧唐书》卷六《则天本纪》说："麟台监张易之与弟司仆卿昌宗谋反，皇太子率左右羽林将军桓彦范、敬晖等，以羽林兵入禁中诛之。"卷九十一《桓彦范传》说："则天不豫，张易之与弟昌宗入阁侍疾，潜图逆乱。凤阁侍郎张柬之与桓彦范及中台右丞敬晖等密谋诛之。柬之遽引彦范及晖并为左右羽林将军，委以禁兵，共图其事。"

《资治通鉴》卷二百零七说："太后寝疾，居长生院，宰相不得见者累月，惟张易之、昌宗侍侧……易之、昌宗见太后疾笃，恐祸及己，引用党援，阴为之备，屡有人为飞书及榜其书于通衢，云'易之兄弟谋反'。"

但是事实上，二张"谋反"之说并没有任何确凿的证据，而早在清代，著名的考据学家赵翼在《廿二史札记》中对这一问题提出过疑义。有鉴于此，现在的一些学者对这一问题展开了研究和讨论，他们认为历史上对二张的"谋反"一说，并不成立。

张易之兄弟是在通天二年（697）由太平公主引荐给武则天的。由于张昌宗"面似莲花"，张易之也是"白皙美姿容"，长得十分标致，所以两人深受武则天的宠爱。但是武则天召他们入宫只是为了寻求生活乐趣，并非让他们干预朝政。早在他们之前，武则天专宠薛怀义的时候，就曾因为对薛怀义委以重任，结果搞得声名狼藉，在朝野内外影响极坏。因此这一次，武则天在对待二张的问题上，一直是抱着小心谨慎的态度，不再轻易放权给他们。二张入宫之后，张易之先后担任过尚乘奉御、控鹤府监内供奉、奉宸令、麟台监等职；张昌宗也历任云麾将军、行左千牛中郎将、银青光禄大夫、左散骑常侍、司仆卿、春官侍郎等职，这些都只是一些荣誉头衔，表面风光，实际上并没有什么大权。二张当然也明白武则天的用意，所以他们并不奢求政治上的飞黄腾达，而是竭尽全力讨武则天欢心，以此谋得自身的荣华富贵。比如：他们经常为她寻求能延年益寿、长生不老的秘方，在她生病时，对她进行护理等等。

然而二张虽然在政治上野心不大，但是他们在生活方面的放纵却造成了非常恶劣的影响。他们是女皇身边的红人，所以平时总是有很多趋炎附势之人对他俩百般奉承拍马。出行之时，武三思、宗楚客等人会争先恐后地为他们"执鞭辔"，而每逢宫廷内宴，他们和武则天之间也不大讲究礼节，他们的这些行为遭到了很多大臣的非议甚至是敌视，而某些想要恢复李唐王朝的大臣更是以此为理由，试着从二张入手慢慢削弱武周政权。

例如朝中的反对派韦安石等人多次在武则天面前说二张的不是，并且在一次宫廷宴会上当着女皇的面把张易之所请来的贵宾宋霸子一行人驱逐出宴会。又如，张易之的一个家奴因为"暴乱都市"而被魏元忠杖杀，事发之后，二张企图拉拢张说来诬告魏元忠，结果在廷辩时被张说反唇相讥，二张当场出丑。长安二年（702），二张因为接受其同宗兄弟张昌仪和张同休的四千余贯赃款而被御史台弹劾入狱。后来二张虽然被赦免，但是张昌仪和张同休都被贬了官。长安四年（704），张昌宗又由于"强市人田"而被司刑正贾敬言罚了二十斤铜。

以上这些事例都说明二张在朝中的地位并不牢靠，更不能凌驾于法律之上。而两人在朝廷中的这种境况和他们的政治权限是有密切关系的。就像前面说过的那样，二张一生中从未担任过要职，也不会玩弄权术，没有可靠的政治同盟。武则天在位的十五年里，先后任用过的宰相多达七十五人，但是二张虽然屡屡升迁，却均与宰相这一要职无缘，可见武则天对他们仕途的延伸也是严格控制的。

在专制统治的年代，除了政权之外，最重要的就是军权了，它也是篡位的必备条件之一。二张在这方面就更是孤立无援了。在神龙元年（705）的政变过程中，左右羽林军几乎都受张柬之的控制，袁恕己又预备了相王统南衙兵以防万一。尽管当时武周旗下的北衙兵没有参加政变，但是他们也不是二张能调遣的。

在地方势力上，族弟岐州刺史张昌期和洛阳令张昌仪是他们唯一的心腹，但是他俩平日里经常以二张为靠山，胡作非为，在当地民愤极大，根本无法成为二张的后盾。因此，通过以上的分析，学者们认为二张既没有谋反的动机，也不具备谋反的条件。

此外，二张从通天二年 (697) 入宫到神龙元年 (705) 被杀，期间一共只有八年的时间。在他们短暂的政治生涯中，很难找到强有力的证据证明他们有谋反的企图。史书中有关二张想要谋反的材料主要集中在两件事情上。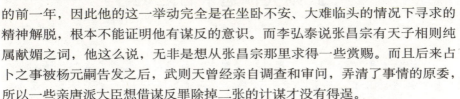

其一，是张昌宗请相工李弘泰占卜一事。据记载，张昌宗曾经在长安四年 (704) 请术士李弘泰占相，李弘泰认为张昌宗有天子之相，并且为了能"天下归心"，劝他在定州造佛寺。有学者对这段史料分析后认为：张昌宗请李弘泰占卜是在他被杀的前一年，因此他的这一举动完全是在坐卧不安、大难临头的情况下寻求的精神解脱，根本不能证明他有谋反的意识。而李弘泰说张昌宗有天子相则纯属献媚之词，他这么说，无非是想从张昌宗那里求得一些赏赐。而且后来占卜之事被杨元嗣告发之后，武则天曾经亲自调查和审问，弄清了事情的原委，所以一些亲唐派大臣想借谋反罪除掉二张的计谋才没有得逞。

其二，是武则天大病之时，久居长生院，此时朝廷的大臣们都不得觐见，只有张昌宗兄弟在武则天身边伺候。他们为了预防不测，便暗地里"引用朋党"。针对这段史料，一些学者认为：长安末年，武则天已经到了风烛残年，她重病在身，不能亲自管理朝政。此时，作为贴身男宠的二张，日夜照料武则天是在情理之中的，相反，如果由其他大臣守候在旁则多有不便，因此这段时间，宰臣们不得觐见也无可厚非。而自从武则天的健康状况不断恶化以来，那些团聚在太子李显周围的大臣们已经开始策划恢复李唐政权。所以，得宠于武则天的二张也就成了太子集团打击的首要对象。二张自然也感觉到了这一点，他们暗地"引用朋党"也是为了自保，并非谋反。况且，对于武周政权来讲，只有谋害武则天、企图篡夺王位才是谋反。假如二张有这样的野心，凭借他们日夜侍奉女皇的得天独厚的条件，杀死老态龙钟的武则天可谓是易如反掌，但是他们并没有这么做，可见说他们谋反，理由并不充分。

一些学者指出，长安四年 (704) 八月则天卧疾，此后九月大雪，则天下令开仓赈恤，并以宰相姚元之为录武道安抚大使；十月二十二日，以秋官侍郎张柬之同凤阁台平章事；二十三日，以宰相韦嗣立检校魏州刺史；三十日，以怀州长史房融为正谏大夫、同平章事；十一月五日，以天官侍郎韦承庆为凤阁侍郎、同平章事；十二月三日，敕大足以来新置官并停等等；这说明即使在卧病期间，武则天仍在坚持处理朝政，并非与宰相累月不见。当则天病稍好转，有位姓崔的宰相对她说："皇太子、相王皆仁明孝友，宜侍医药，不宜引异姓出入禁闼。"则天听后是"慰而纳之"。此后直至政变前，皇太子"每于北门起居"，可以时谒侍疾。这说明武则天的身边不止张家二兄弟。

另据史书的记载，太子集团的人在杀害了二张之后，又派侍卫包围住了武则天所住的宫殿。武则天惊起问道："是谁在作乱？"政变者答道："张易之、

大唐王朝历史之谜

张昌宗谋反，臣等奉太子之命，已经将他们杀了。"武则天听后，白了太子一眼，说道："原来是你！现在他们既然已经被杀了，那你也回去吧。"政变者则步步紧逼："愿陛下传位给太子！"学者们认为，从这段史料中也不难看出：二张谋反的罪名仅仅是太子集团的栽赃嫁祸，他们这么做只是为了证明神龙元年(705)那场宫廷政变的正义性。

上面的分析可以看出，二张的死因其实是一个不是谜的"谜"。这样的说法你认为对吗？

武则天被逼下台之谜

神龙元年(705)正月，张柬之、崔玄、桓彦范、敬晖、袁恕己等人利用禁军发动政变，杀张易之、张昌宗，逼武则天让位于太子李显。唐朝复辟后，张柬之等五人都被封王，故历史上把这次事件称为"五王政变"。五王发动政变的原因和目的是什么？

神龙元年(705)正月，张柬之、崔玄、桓彦范、敬晖、袁恕己等人利用禁军发动政变，杀张易之、张昌宗，逼武则天让位于太子李显。此时，武则天已八十二岁，年迈体弱，在宫中养病，哪有能力反抗？于是下《命皇太子监国制》，传位于太子，改周为唐，退居上阳宫养老。是年十一月病死。她死后被谥为则天大圣皇后，送进乾陵和丈夫高宗李治合葬，最终恢复了大唐皇后、皇太后的身份。这就是曾经风光一时的女皇帝的结局。后来，张柬之等五人都被封王，故历史上把这次事件称为"五王政变"。

那么五王政变的原因是什么？

唐载初元年(690)，"圣母神皇"武则天"革唐命，改国号为周"，正式当上了大周皇帝，建立了武氏政权。由于皇帝的姓氏改了，在让谁当继承人的问题上，就出现了史无前例的大困难。

武则天生有四个儿子，当时还活着的是三子李显和四子李旦。李显即中宗，高宗死后做过两个月的皇帝，后来被武则天废为庐陵王。李旦即睿宗，继中宗之后做皇帝。武则天改唐为周，李旦的皇帝自然是做不成了，他被"降为皇嗣"，"徙居东宫，其具仪一比太子"，还赐姓武。"皇嗣"表面上看也有继承皇位的可能，但毕竟不同于太子，不能算作正式的皇位继承人，但在待遇上与太子等同，具有候补太子的资格。如果武则天立自己的儿子为皇位继承人，那么好不容易建立起来的武氏大周朝，最后又要交还给姓李的，那她这么多年的心血就等于白费了。传给武家的人吧，姑侄之间总比不上母子那么亲近。况且武则天十分迷信，她相信人死后是要变成鬼的，而且这鬼还要吃东西，并且只吃自己的亲儿孙祭拜的东西。如果让武家人继承皇位，她死后作为姑妈怎么进得了武家太庙，进不了太庙，就要做饿鬼了。因此，她的侄儿武承嗣指使洛阳人王庆之率数百人上表请立武承嗣为皇太子时，武则天坚决不答应，还狠狠地教训了王庆之。在狄仁杰等人的劝说下，武则天终于下定决心，在圣历元年（698）把李显召回东宫，正式立为太子。皇嗣李旦仍封相王，解决了皇位继承这个大问题。但同时，她又让武家人担任朝中各种大小官职，以此来巩固武氏家族在朝中的权力与地位。这样就不枉她费尽周折建立大周朝了。她还担心李、武两家不能和睦相处，有意识地让两家通婚联姻，试图亲上加亲。还让皇太子、太平公主、武三思、武攸暨等李、武两家的重要人物"立誓文于明堂"。这些举措，都是武则天有意识地把李、武两家融合成一体，形成一个以李氏居虚名、武氏掌实权的李武政权。

皇位在上面高高悬挂着，伸长着脖子的李、武两家之间的矛盾就不可彻底解决，因为直接牵涉到各自的命运和前途，双方之间的矛盾就变得根深蒂固。为了确保自己归天后李、武之间不发生流血冲突，形成子为天子、侄为贵亲的政治格局，武则天在年迈多病的情况下引用了张易之兄弟二人助理朝政，企图调和子侄之间的关系。

按理说，武则天这样处心积虑的安排，总该天下太平了。只要武则天归西后让皇太子即位，天下还是会回到李姓的手中，为什么五王还要发动政变，提前逼她下台呢？自古以来的史书都认为张易之兄弟俩是武则天的男宠，但历代皇帝都是后宫佳丽三千，武则天作为女皇帝，养两个男性嫔妃本也无可厚非。二张因为是男性，他们参与政治的可能性就要比女性嫔妃大得多。况且，二张兄弟是高宗时宰相张行成的族孙，出身于山东地区的世家大族，又颇受恩宠，所以在政治上有较大的号召力。二张与当时许多官员都有密切关系，有些甚至还当过宰相。当时的朝臣们见武则天年老了，就根据自己的恩怨排列组合，相互比附，从而形成拥武派、拥李派和附张派。随着二张势力不断扩张，他们与李、武两家的矛盾也逐渐显露出来。

大足元年（701），中宗的长子重润与他的妹妹永泰郡主及永泰郡主的丈夫、武三思的孙子武延基，三人私下里说二张专政，不利于朝政。张易之知道后，向武则天哭诉，结果武则天把三人都杀了。后来，御史大夫魏元忠又被二张诬陷，说他与司礼丞高戬云私下里议论"天子老矣，当挟太子而令天下"，意思是说魏元忠两人有谋反之心。二张还请了凤阁舍人张说为证人，没想到张说当面揭穿二张是在诬陷两人。但武则天还是将魏元忠、高戬云以及无辜的张说贬官流放。这司礼丞高戬云正是"太平公主之所爱"，而太平公主是武则天的亲生女儿、武攸暨的妻子。此时，二张的势力在三派中最盛。

由于武则天已决定要立李显为帝，拥李派就特别担心二张派抢去拥立皇帝之功，害怕二张得势以后，自身的利益受到损失，因此他必然要铤而走险，与二张进行殊死的搏斗，抢夺拥立之功，以改变自己受排挤的不利处境。张柬之等人就是拥李派的代表。

史书记载张柬之"沈厚有谋，能断大事"，很有政治头脑和手腕。八十多岁时才当上宰相，十分想施展自己的政治才能。当时武则天重病，而二张控制了政权，他这个宰相并不能发挥较大的作用。他自己不满意女人执政，经常私下唠叨应该还政李唐。当他看到不少士人也思念李唐时，就以发动宫廷政变为己任，开始了秘密筹划。其他的几位宰相如桓彦范、崔玄等皆与二张不合，曾多次上疏要求罢免二张。在这种情况，张柬之和桓彦范等一拍即合，因为有着共同的敌人，遂很轻易地组织起力量，联络太子，以诛二张为名发动了政变。

长安四年（704），武则天病重，在长生院养病，二张伺候左右，朝中官员皆不得见。当时"屡有人为飞书及榜文其书于通衢，云易之兄弟谋反"，但武则天都不闻不问。可见，此时武则天已明显倾向于二张兄弟。随着武则天的病重，朝中形势也顿时紧张起来。太子和朝臣见不到皇帝，担心二张兄弟从中作梗，使李、武两家的江山不保。二张虽没有资格觊觎皇位，但他们确实不得不担心一旦武则天病死，自己失去靠山后的处境，故"引用朋党，阴为之备"。一时间，朝中显现一派风雨欲来的紧张气氛。很快，政变就被提上了议事日程。宰相张柬之等人争取到了掌管禁兵北门守卫二十余年的右羽林大将军李多祚，又联合了皇太子李显、相王李旦、太平公主及其夫武攸暨和武三思，于神龙元年（705）发动了政变，剪除了二张势力。

五王政变是唐代太子地位不稳固的一种表现。李显虽被立为太子，但能否坐上皇位还不一定，五王就趁势而起。政变的主要目的是铲除二张势力，而五王并不是仅仅想灭二张，更重要的是要废黜武则天，想得到拥立新皇帝的功劳。张柬之入相前，曾与人谈到国事，"有匡复之志"。二张被杀，太子返回东宫，事情基本已定，桓彦范等又逼武则天"传位太子，以顺天人之望"。五王还与禁军关系密切，利用了禁军的力量发动了这场政变。禁军将领杨元琰、李多祚、王同皎等与张柬之关系密切。王同皎到东宫迎太子时说："先帝以神器付殿下，横遭幽废，人神同愤，二十三年矣。今天诱其衰，北门南牙同心协力，以诛凶竖，复李氏社稷，愿殿下暂至玄武门以负众望。"武则天和二张派没有意识到五王已经联络了禁军，毫无准备，而且太子李显、相王李旦及太平公主后来都参加了政变，加上武氏诸王因与二张有一定的矛盾，在政变发生过程中全都按兵不动，所以政变得以顺利进行。

五王政变的结果是二张被杀，武则天被逼下台，中宗即位。今天来看，武则天失败的原因是她放任二张操纵朝政，才会使朝臣各自结党、互相攻击，最后导致兵戈相见。也有人认为武则天荒淫无度的宫廷生活，在当时社会上引起了极大的反感，失去了人心，最后众叛亲离。而她在政治上、经济上的措施都是倒退的，因而招致了最后的失败。这种说法虽然不是十分准确，但也有一定的道理。

与这个问题相关的是，五王提出当时政变的原因是二张谋反，二张是否谋反了？《旧唐书》卷六《则天本纪》说"麟台监张易之与弟司仆卿昌宗谋反"，皇太子才率桓彦范等带了禁兵入内诛杀二张。卷九十一《桓彦范传》也说："则天不豫，张易之与弟昌宗入阁侍疾，潜图逆乱。"《资治通鉴》卷二百〇七说武则天病时，连宰相都是很长时间见不到她，只有二张侍奉在旁边。二张"见太后疾笃，恐祸及己，引用党援，阴为之备，屡有人为飞书及榜其书于能衢，云'易之兄弟谋反'"。

当代一些史学家认为二张是不可能谋反的。武则天生病时宰相不能见到她，只有二张侍奉在她身边的讲法是不符合实际的。这段时间内，官员照样在被任命，武则天仍在坚持处理朝政。《新唐书》卷一百二十《崔玄传》还记载则天疾病稍有好转时，崔玄上奏说："皇太子、相王皆仁明孝友，宜侍医药，不宜引异姓出入禁闼。"之后，"皇太子每于北门起居"。看来史书上的说法是夸大其词的。其次张易之兄弟作乱的观点也不可信。二张的确是红极一时，但也出过一些问题。如他们的哥哥张昌仪、张同休等坐赃曾下狱。长安四年（704）十二月有人飞书贴于大街，说二张谋反，二张就受到审问，幸亏得到武则天的庇护。后来又有人飞书言谋反，二张第二次被审，崔玄等请求逮捕，处以死刑，武则天又为其辩护，赦其无罪。

张昌宗的确有一件事基本达到了谋反的程度。这年十二月中旬，张昌宗曾让术士李弘泰为自己占相，李弘泰说昌宗有天子相。术士乱讲一气，如果被相者认为是真的，想入非非，结果会被当作死罪诛灭九族。而张昌宗听后，可能内心会很开心，但他毕竟不敢有什么轻举妄动，只能把李弘泰的话说给武则天听。如果单凭这件事情说张昌宗是谋反了，比较牵强。

看来，说二张谋反，是当时政变者的策略，这十分有利于政变的成功。

一代女皇，就这样被逼下了台，最后弄得晚景凄凉，不久就病死在上阳宫。

武则天推崇佛教之谜

武则天一生推崇佛教，与佛结下了不解之缘。感业寺中的女尼，在佛光普照下，攀上了中国封建帝国政治的巅峰，成为一代女皇！唐太宗、唐高宗父子敬重佛法，但同时更推崇道教，到了武则天，对佛教的敬重是登峰造极，而对道教却十分冷淡，其中的原因，为后世留下了一个难解的谜。

史载武则天十四岁入宫，被立为唐太宗的才人。太宗崩，根据祖宗规制，新皇帝一道旨意令所有未生育过子女但受过宠幸的宫人全要到感业寺出家修行。于是，武则天被削发为尼，遁入空门。之后，她却奇迹般地从这里走出，爬上了中国政治地位的制高点。相传，这一入一出是经过一番预谋的，通过入寺为尼，小别皇宫，暂离尘世，换一种身份再投唐太宗之子唐高宗的怀抱，以此来减少朝野非议。传说是否属实，后人确实无法肯定，但这却成了以后李唐皇室的惯用手法。此后的唐玄宗曾纳儿媳杨玉环为妃，显然用的也是这一招。在佛祖慈祥微笑的迷雾中，我们却可以看出，终唐一世，佛教与李唐皇室的后宫前庭有着千丝万缕的联系。而武则天，真正是一位从佛门中走出来的女皇。

那么武则天又为何对佛教"情有独钟"呢？据国学大师陈寅恪考证，武则天崇佛的原因之一是受到其母亲家族世代的佛教信仰的熏陶。

武则天的母亲杨氏是杨隋的宗室子孙。北周武宗废灭佛教，但至隋文帝代周而立，其开国首政即为恢复佛教。此中固有政治上之作用，而其家事及本身幼时的信仰也为一重要原因。隋高祖父母都笃信佛教，他们是北周勋戚，在北周灭佛时曾隐藏僧人于家中。据传隋高祖就出生于寺院之内，此时恰好有一尼来自河东，预言此孩儿将来可得天下，结果就真的开创了帝业。可见杨氏一门不随当时北周之主的好恶而转移，是彻底的佛教徒。至隋炀帝，这个中国历史上弑父弑君荒淫无度的暴虐之主，在中国儒家教义的标准下是遗臭万年，但因其崇奉佛教，尤其与天台宗的创立者智颉大师有深切交往，被佛教徒比作阿阇世王，其在佛教史上的地位之高也可想而知。唐初，隋杨一家成了亡国后裔，已经失去了昔日的政治地位，但世代相传的宗教信仰固承不变。武则天的血统与隋杨相承，其母就笃信佛教，据说曾有僧人欲借她的力量来保存僧不拜俗的教规。杨氏信佛多出于家世相传之故，而武则天从小受其家庭佛教环境的熏习，必受影响。据伦敦博物馆藏敦煌写本《大云经疏》中记载，武则天在入宫之前，已有一度正式或非正式为沙弥的经历。可见其受母亲家族佛教信仰影响之深切。

后来，僧徒就借武则天家庭传统之信仰，以恢复其自李唐开国以来所丧失的权势，而武则天也借佛教经典之教义，以证明其政治上所享有之特殊地位。二者互惠互利，彼此利用，相得益彰。这是陈寅恪认为武则天崇佛的另外一个原因。

武则天以女儿身执掌国政，登上帝位，实乃中国政治史上前所未有之创举。然而这也被中国传统的儒家经典斥为"牝鸡司晨"。雌代雄鸣则家尽，妇夺夫政则国亡。武则天从强调纲常伦理的儒家得不到支持，不得不另辟蹊径，终于得以假托佛教女主为王的符谶，证明其特殊地位之合理。佛教的原始教义中本来也轻贱女儿身，但后来有所改变，到大乘佛教急进派之经典中便有以女身成佛的教义。《大云经》中说，武则天是弥勒佛下生，"当代唐为阎浮提主"。佛教称人世间为阎浮提，阎浮提主即是人世之主，是说武则天当取代李唐统治天下。该经中还大讲所谓的"净光天女"，说佛祖预言这位"天女"要以"女身"成为统治天下的帝王，而且她将来还要成佛，以此暗示武则天当上女皇是顺应了佛的旨意。这也难怪武则天一定要将它颁行于天下了。此外武则天还封进呈者沙门薛怀义等为县公，分别赏赐紫袈裟龟袋。沙门封爵赐紫，自此始，僧人多以朝廷赐紫为荣。这些在武周革命开国之初，确实起到了对民众宣传和证明她取得皇位的合理性的政治作用。有人认为《大云经》是薛怀义等人伪造，但也有不同观点，认为《大云经》实出于天竺，并非武则天授意僧人随意伪造，她只是取前代旧译之原本，曲译比附而成新疏，这比另造新经可谓是事半功倍。这样说来，武则天崇佛是兼有了信仰与利用之心。

武则天称帝后，还进一步利用佛教来巩固自己的统治。长寿二年（693），有僧人菩提流支译出《宝雨经》十卷。这本经书完全是武则天一手策划下出笼的。经中说，有东方日月光天子，乘五色云来到佛所在的地方。佛为他授记，讲他日后当在摩诃支那国现女身为王，以佛法教化众生，建立寺塔，供养沙门。《宝雨经》到唐代一共出现过三个译本，唐朝以前的梁、陈的两个译本恰恰没有上面的这段文字，因此毫无疑问这段内容是唐译本中特意加上去的，是专门为了迎合武则天登基假造出来的。此后，随着这一理论的出现，武则天又加尊号为"金轮神圣皇帝"。

也有人从心理角度分析了武则天崇佛的心态，认为她得势之前把佛教作为精神依托的对象。其实，武则天以一弱小女子之力，独自奋斗于充满险恶斗争的深宫，必定有一坚定信仰在支持着她。后来逐渐得势，在政治斗争中她借佛威以壮帝威，此时受现实所迫，她对佛教的利用更多于信仰。到了晚年，武则天推崇佛法则主要是在于报恩还愿。这似乎挺符合一位曾经叱咤风云的垂暮老人回首往事时的感慨。这一观点更为我们展现了一位鲜活丰满的女皇形象。

另外，有人从佛、道关系上分析，认为武则天一改李唐原来先道后佛的政策，举佛抑道，以此作为对付和打击李唐世系的工具，为自己夺取和巩固皇权制造舆论。

唐初，李渊父子为了抬高自己的出身门第，攀附道教主李耳为祖先，从而在宗教政策上维护道教，抑制佛教，以之为新生的政权增添尊贵色彩。贞观十一年（637），唐太宗李世民就表明态度，认为不能使"殊俗之典，郁位众妙之先"，而"诸夏之教，翻居一乘之后"，于是下诏"令道士、女冠在僧尼之前"，从而基本确立了"道先佛后"的宗教政策。高宗死后，武则天独揽朝政，称帝之心日切，她渐渐感到道教成为她篡权的障碍。但此时道教的教主老子作为唐皇的"圣祖"和护国神的形象，经过六十多年的崇奉已深入民心，它已成为唐王朝的象征。更有人利用老子来反对武则天的篡权谋逆。据说，文明元年（684）有人称太上老君显灵，命传言于武后："国家祚永而享太平，不宜有所僭也。"武则天得报后大为不快。因此她要代唐为帝，就需要在编制一套新的政治神话来伪装自己的同时，削弱道教的地位，贬低老子的形象。于是，当时已在社会上有着广泛影响的佛教，就成了她可以利用的政治工具。

其实唐高祖、唐太宗时曾一度崇道抑佛，僧尼本有所不满，这些人到了这时反而成了武则天可以利用的社会力量。据说垂拱四年（688）六月，武则天先是暗令武承嗣等伪刻"圣母临人，永昌帝业"的瑞石，蒙骗人家说是在洛水中找到的。武则天还装腔作势地把这块瑞石称为"天授圣图"，封洛水神为"显圣侯"。此后又说在汜水中发现刻有《广武铭》的瑞石，铭文指出"三六年少唱唐唐，次第还唱武媚娘……化佛从空来，摩顶为授记"。这就十分露骨地向整个天下昭示，武媚娘应该为天子了，并且这是佛祖的意思。到她继位后，就立即命令佛教在道教之上，僧尼在道士、女冠之前。据《资治通鉴》载："天授二年(691)，夏，四月，癸卯，制：以释教开革命之阶，升于道士之上。"此后仍不断利用佛教制造舆论来巩固和维系她的统治。从这点上看，武则天崇佛是有其特定的历史背景和政治目的的。

不过也有人认为武则天固然崇佛，然亦笃信道教，优礼道士，从其提倡读《道德经》，大写《一切道经》中可以得到证明。她登基所利用的符谶，并不是专门依照了佛教，内中也有许多道教的成分。

武则天以极大的热情结交、厚待僧人，建寺造像，广积"功德"，以至"倾四海之财，殚万人之力，穷山之木以为塔，极治之金以为像"，真可谓是到了不惜倾国荡产的地步。这位中国历史上唯一的女皇，一生与佛相伴，佛光洒满了她夺位和强化统治的斗争历程中。至于她到底为何与佛结下这深厚的不解之缘，就如同她死后留下的无字碑一样，只能留待后人评说了！

宫女红叶题诗之谜

在我国古代，女子一旦被选入宫中，便绝对地失去了爱情的自由。她们在宫中的生活是否幸福，完全取决于帝王的宠幸与否，大多数宫女的一生都是在凄凉和寂寞中度过的。然而，也有一些宫女，她们虽然得不到皇帝的青睐，却以自己的聪慧和才智，通过一些特殊的方式，大胆地追求属于自己的爱情，有的居然还成功了。

在诗歌盛行的唐代，流传着一些宫女们通过红叶题诗向宫墙外根本不认识的男子求爱的爱情故事，这些故事由于其本身带有强烈的传奇和浪漫色彩而一直为人们所津津乐道。那么这令人心动的红叶题诗究竟是怎么一回事呢？

原来，唐朝天宝年间(742—756)，杨贵妃成了唐玄宗的专宠，后宫的其他佳丽们没有了觐见皇帝的机会。她们中特别年轻貌美者，往往还没有见到玄宗的模样，便被杨贵妃安置到了上阳宫。读过白居易《上阳白发人》这首诗的人都知道，上阳宫是那些得不到皇帝宠爱的宫女们聚居的宫苑。它坐落在洛阳城的西面，其南面是洛水，西面是谷水。谷水从西北流向东南，顺着它的流向，将其中一部分水引入上阳宫，斜着穿过，这条人工水渠就叫"御沟"，它是所有红叶题诗故事的主要工具。

关于红叶题诗，流传最广的大概要数《云溪友议》和晚唐孟棨《本事诗》中记载的有关顾况的故事了。话说当年顾况与三位好友在洛阳城的御苑一边游览春光一边对诗，无意中发现御沟的水面上漂着几许红叶，煞是好看，于是不由自主地捡了一片，在手中把玩之时，发现叶子上竟然题着一首诗："一入深宫里，年年不见春。聊题一片叶，寄与有情人。"（《云溪友议》中记载为："旧宠悲秋扇，新恩寄早春。聊题一片叶，将去接流人。"）顾况很欣赏这首诗，于是第二天他也在红叶上题了一首诗："花入深宫莺亦悲，上阳宫女断肠时。帝城不禁东流水，叶上题诗欲寄谁？"（《云溪友议》中记载为："愁见莺啼

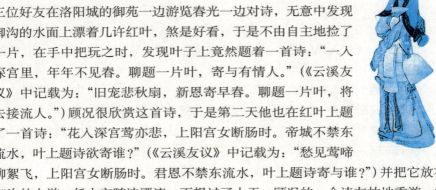

柳絮飞，上阳宫女断肠时。君恩不禁东流水，叶上题诗寄与谁？"）并把它放在御沟的上游，任由它随波漂流。不想过了十天，顾况的一个诗友故地重游，偶然间又发现了一片题了诗的红叶，于是他赶忙拿给顾况看，只见上面写着："一叶题诗出禁城，谁人酬和独含情？自嗟不及波中叶，荡漾乘春取次行。"虽然不知道是谁写的，但是顾况和他的诗友都被作者在诗中透露出的对自由的无限渴望之情深深打动。后来，这件事被唐玄宗知道了，出于对宫女们悲凉命运的同情，这一年，他下令放出了不少宫女。然而那位在红叶上题诗的宫女最终是否得到了自由，人们却不得而知。

说完顾况，我们再来看看唐朝末年的另一位诗人卢渥。相传有一年，他去京城赶考，经过御沟的时候，看到水面上漂着一片红叶，便让仆人拿起来，看见上面有一首绝句诗，卢渥很喜欢，便放在书箱里保存起来，闲暇时还会拿出来让朋友们一起观看品玩。后来遇上宣宗即位，下令放还一批宫人，并允许她们嫁给朝廷官员。这时的卢渥已在范阳任职，因此也得到一个宫人，那位宫人看见题了诗的红叶之后，突然热泪盈眶，卢渥问她为何哭泣，她说："这首诗是我在宫中时写的，当时只想让它在御沟中随波逐流，没想到却被郎君收藏在书箱之中。"接着她又亲自重写了一遍："流水何太急，深宫尽日闲。殷勤谢红叶，好去到人间。"字迹完全吻合，卢渥非常惊讶。

像这样"无巧不成书"的故事，还有一例。唐朝末年，有一位叫于祐的儒生，他和卢渥一样，也是在进京应考时偶然在御沟边得到一片题了诗的红叶，于是便保存在书箱里，并另外找到一片红叶，题诗两句在上面："曾闻叶上题红怨，叶上题诗寄阿谁。"然后绕到御沟的上游，将红叶放在水面上，希望它能漂入宫中，找到那位题诗的宫人，但是那时并没有抱太大的希望，因为要靠一片红叶找到属于自己的缘分，无疑像大海捞针，是一件虚无缥缈、不着边际的事。过了几年，于祐屡考不中，便去河中府（今山西永济）投奔当时的名流韩泳。在他写的自我推荐信中，韩泳发现他的笔迹与前不久本家妹妹给他看过的在红叶上题诗的笔迹非常相似，于是马上接见于祐，当面向他询问，于祐便讲述了当年赶考时，红叶题诗的经过。韩泳听完后，从里屋拿出一片红叶给

他看，于祐大吃一惊，因为红叶上的那首诗正是自己当年在御沟边写的那首，于是忙问缘由。原来于祐当时放入御沟上游的那片红叶，后来真的漂入了宫中，并被一位姓韩的宫人得到，韩宫人有感而发，另外和诗一首："独步天沟岸，临流得叶时。此情谁会得，肠断一联诗。"然后把于祐题诗的红叶和自己的诗一起珍藏在衣柜里。后来，僖宗下令放出宫女三千，韩宫人也有幸在其中。出宫后，无依无靠的她便来投奔本族兄长韩泳。谁知刚到不久，于祐也到了这里。

韩泳为他们两人奇特的缘分所感动，便从中做媒，于祐和韩宫人得以喜结良缘。在婚礼的宴席上，兰心蕙质的韩宫人即席吟诗一首："一联佳句题流水，十载幽思满素怀。今日却成鸾凤友，方知红叶是良媒。"一时为人们传为佳话。

以上三则关于红叶题诗的故事，现在听起来无疑是浪漫的，但是我们在玩味缘分之奇妙的同时，也不难想象，在漫漫的历史长河中，有多少被困在深宫之中的宫女，默默地题了多少片红叶，可是她们的无助和绝望又有多少为世人所知。

李林甫口蜜腹剑之谜

李林甫是唐朝历史上一个大名鼎鼎的人物。他的出名并不是因为他治国有方，有德有才，而是他专权用事，玩弄"口蜜腹剑"的伎俩，以使自己独揽政权。李林甫专权的十几年中，李唐王朝政治上日益黑暗，各种矛盾尖锐，开元盛世急剧转变成了天宝末年的经济、政治危机。

李林甫在唐玄宗时期连续十六年任宰相之职。历来对他的评价都是盖棺定论为"口蜜腹剑"的奸臣，是祸乱国家的罪人。"口蜜腹剑"的成语，便是出典于李林甫其人其事。当时朝中人都异口同声说："李公虽面有笑容，而肚中铸剑也。"宋代的司马光说得更明确："世谓李林甫口有蜜，腹有剑。"那么，李林甫真是这样的一个人吗？

李林甫出身于李唐宗室，他的曾祖是唐高祖李渊的从父弟，按辈分来说他是唐玄宗的远房小叔叔呢。他素来品行才望不高，被人瞧不起，但颇为机灵乖巧，善于钻营。历任御史中丞、刑部侍郎、吏部侍郎、黄门侍郎等职位。开元二十二年（734）坐上宰相之位，为礼部尚书、同中书门下三品。

李林甫深知，为官之道便是要能揣摩皇帝的心思。因此，他想尽办法与后宫嫔妃及宦官套近乎，以便从他们口中得到皇帝的真实想法。史称李林甫"柔佞多狡数，深结宦官及妃嫔家，伺候上动静，无不知之，由是每奏对，常称旨，上悦之"。当时，杨贵妃尚未进宫，后宫最得宠的是武惠妃，武惠妃的儿子寿王也得到玄宗格外恩宠，李林甫便通过宦官表示会尽力推荐寿王为太子。为此，惠妃十分信赖李林甫，并不时地通过宦官袁思艺把玄宗的动静告诉李林甫。不明就里的玄宗还真把李林甫视为心有灵犀的知己，恩宠日甚。

侍中裴光庭的夫人是武三思的女儿，暗中与李林甫有勾搭，想通过高力士在玄宗面前为李林甫谋相位，未成。而玄宗正想用韩休为宰相，裴夫人就让李林甫公开向玄宗推荐韩休。韩休居相位后，很是感激李林甫，就推荐李林甫入相，武惠妃从中帮忙，于是李林甫就升为黄门侍郎，进入了宰相行列。

李林甫为了达到专权用事的目的，首先排挤的便是同时的宰相。当时张九龄为中书令，裴耀卿为侍中，李林甫还不是主要的执政者。张九龄鄙视他的为人，根本不把他放在眼里。李林甫虽然心里恨得要死，但因为张九龄大权在握，李林甫表面上还不时讨好他。大臣们议事时，李林甫从不敢公开反对张九龄的意见，背后却处处设陷阱，向玄宗打小报告，挑拨离间，制造君臣间的矛盾。

机会终于在开元二十四年（736）来到。蔚州刺史王元琰贪赃案发，而王元琰的妻子是张九龄的好友严挺之早已离异的前妻。严挺之想为王元琰一家脱罪，李林甫把这个消息秘密地告诉了唐玄宗，于是玄宗要追究严挺之的包庇之罪。张九龄不知道这是李林甫设下的陷阱，极力替严挺之辩护，这样张九龄、裴耀卿、严挺之等人被扣上了结党营私的罪名，唐玄宗罢了张九龄、裴耀卿的相职。旁观者都说这是李林甫的一石二鸟之计。此后，李林甫开始了他的专权生涯。

李林甫专权之时，竭力"杜绝言路"，"蔽欺天子耳目"。当时，有大臣向玄宗进谏，李林甫竟明目张胆地进行阻挠，并用恐吓手段杜绝言路。他说："今明主在上，群臣将顺之不暇，乌用多言！诸君不见立仗马乎？食三品料，一鸣辄斥去，悔之何及！"所谓的"立仗马"，是指宫廷里仪仗队的骏马，平时吃上好的饲料，养得高大肥壮，每天八匹骏马分为左右两队，立在正殿侧宫门外，候仗下即散。李林甫把众臣比做立仗马，无疑是要他们摆摆样子，谁要提意见，谁就会被贬黜。自此，群臣慑于李林甫的权势地位，不敢再向玄宗进谏了，谏诤之路断绝。

李林甫是权欲熏心之徒，喜欢独揽大权。因此，他专门引荐一些唯唯诺诺、没有才智和主见的人与其共事。由他引荐的牛仙客，一切政事都听任李林甫处置，只"独洁其身"，不直接参与干坏事。牛仙客死后，玄宗命刑部尚书李适之顶替牛仙客的左相之位。李适之也出身于宗室，欲与李林甫争权，结果也被李林甫设法除掉。后来李林甫又推荐陈希烈为左相，陈希烈也是一个唯唯诺诺之人。可见，李林甫专权时期，只任用易于制服的柔佞之人与其共事，以达到独揽大权的目的。同时，他还极力阻挠玄宗启用新人。天宝六载（747），玄宗"欲广求天下之士"。李林甫怕玄宗启

用有识之士会对他不利，狡猾地利用玄宗对他的信任，略施小伎，最终使全国无一人被选中。他还假惺惺地恭贺玄宗"野无遗贤"，似乎天下贤士都已被录用，草之士尽是"卑贱愚聩"之人。

李林甫不仅把无才能者"引与共政"，阻挠玄宗启用新人，还对朝中有声望的大臣加以诬陷、排挤、打击，史称其"妒贤嫉能，排抑胜己，以保其位"。前面提到的严挺之，虽被玄宗贬黜，但玄宗始终认为他是有用之才。在时隔多年之后，仍问起他的处境，想重新调他回京加以重用。李林甫又耍花招，欺骗玄宗说严挺之年事已高，又患风疾，建议玄宗给他个闲职，让他回家养病。如此等等，不胜枚举。

李林甫的专权，使唐王朝逐步走向衰弱、混乱的政治局面。唐宪宗时就有大臣尖锐地指出："世谓禄山反，为治乱分时。臣谓罢张九龄，相林甫，则治乱固已分矣。"后代许多史家都同意这种观点，认为玄宗用李林甫为相，是后来安史之乱、唐王朝衰弱的一个重要原因。对李林甫的为人及为官给予全面的否定。

不过，全面否定李林甫的，唐玄宗其实是第一人。李林甫死后不久，还未下葬，其政敌杨国忠就指使安禄山诬告李林甫勾结阿布思谋反。结果，李林甫被削去一应官爵，还被剖棺夺去所殓的金紫朝服和含殓的珍珠，改用小棺以庶人之礼下葬，家财籍没，子孙流放。唐玄宗后来逃到四川后，给事中杜元淹问起李林甫，玄宗说："这个人妒忌贤能，专门推荐比不上自己的人。"杜元淹说："陛下既然知道李林甫是这样的人，为什么还任用他这样长久呢？"玄宗低头不吭声了。这说明对李林甫的否定并不是后代史学家才开始这样做，而是当事人已经有这种看法了。

也许有人会问，李林甫真的只是一个口蜜腹剑、妒贤嫉能、一无是处的奸相、小人吗？他的得宠仅是因为他用那套奸臣的智术迷惑了唐玄宗吗？

从实际情况来看，唐玄宗对李林甫的为人是十分清楚的。他之所以长期地宠用李林甫，除了被他的巧言迷惑外，恐怕还有其他的原因。

应该说，唐玄宗是一个较为精明能干且有作为的皇帝。从他早年剪除伯父中宗的韦后和安乐公主，继而又剪除太平公主的势力、建立自己的政权以及开元盛世的出现，都可以看得很清楚。无奈岁月不饶人，到开元后期，他已逐渐老去，加上当时社会安定、经济繁荣、户口赋税都有所增长，使他对朝政之事都不再像当初那样有兴趣、有精力去过问处理。这样，他就需要一个精明能干且又能了解、贯彻他意图的人代替他去处理政事。李林甫正是这样合适的人选。他城府深密，在处理朝政重大军国事务时，是一个颇为老练的官僚。史称其"每事过慎，条理众务，增修纲纪，中外迁除，皆有恒度"。一些学者认为，李林甫具有较强的行政组织能力，处理政务也算得上是尽心尽职了。而且李林甫又善于领会玄宗的政治意图，并能贯彻执行玄宗制定的方针政策。正因如此，李林甫成为玄宗的合适人选，代替玄宗主持朝政长达十六年之久。

许多学者在批判李林甫的为人和种种恶行的同时，也看到了他在玄宗时期所起的积极作用。李林甫确实是一个玩弄权术、口蜜腹剑的小人。但同时，他又是一个务实的政治家、精明的行政官员和制度专家，在政事的处理上，做到"每事过慎，条理众务，增修纲纪"。他们认为玄宗时期的许多重大而有价值的改革都有李林甫的参与，最有代表性的是有改革税制和修订法典。他协助玄宗在财政、军事、政治制度、选举制度及法律制度上采取了一系列的措施。李林甫执政时期的政府对外战争连续获得了辉煌胜利，唐朝经济有了很大的发展，唐王朝达到鼎盛。由于政府体制的变化，李林甫对朝廷的支配，远比姚崇等人全面。

看来，唐朝政坛上的李林甫，的确是个口蜜腹剑的高手，但他同时也是一个政坛上翻云覆雨的老手。他的长期执政，是唐玄宗和中唐政治的需要。

马嵬兵变主谋之谜

唐玄宗天宝十四载(755)，安禄山在范阳发动叛乱。由于事先没有防备，安禄山的军队势如破竹，很快便打到了潼关。唐玄宗见势不妙，仓皇出逃。逃至长安西北的马嵬驿时，疲惫饥饿的士兵把宰相杨国忠斩杀，又逼玄宗赐死杨贵妃。而杨贵妃的两位姐妹，韩国夫人和虢国夫人也被乱兵所杀。这便是历史上有名的马嵬兵变。

马嵬兵变，是唐代历史上一次重要的政治事件。它标志着唐玄宗统治的结束和唐肃宗统治的开始，在唐代政治史上具有十分重要的意义。关于兵变的历史真相，历来是唐史学界积极讨论的课题，不少学者已经做了十分深入有益的研究。

756年，安禄山大军西进，唐军守将哥舒翰虽组织了强有力的抵抗，但最后还是失败，叛军直逼都城长安。玄宗见势不妙，连夜带着杨贵妃姐妹和皇子皇孙们奔蜀，禁军将领陈玄礼、宦官高力士和宰相杨国忠护卫在左右，大家乱作一团，急急地朝蜀中逃命。途经马嵬驿时，饥饿疲乏的禁军将士发动了一场军事动乱，他们要求玄宗处死杨国忠和杨贵妃兄妹两人，否则大家都不走了。玄宗在禁军们的逼迫下忍痛下令杀掉杨家兄妹，这一历史事件史称马嵬驿兵变。不过在关于谁是兵变幕后主谋的问题上，大家出现了分歧。那么到底是谁在煽动士兵们发动兵变？

一种看法认为，这是一场自发的士兵哗变。由于士兵们饥饿不堪，在龙武大将军陈玄礼的组织指挥下，士兵们发动了这场群众性自发性的救亡运动，没有幕后主使者。这种说法显然流于现象，因为在封建专制时代，一个禁军将军

唐玄宗李隆基

是不可能发动这场兵变的，因为他既没有足够的权力和兵力来逼迫皇帝，也没有足够的政治地位和发动兵变的必要。

一些人认为，种种迹象表明，兵变是早有预谋的，是一场有计划、有指挥的军事行动。马嵬驿离长安城不过一百多里，走一天工夫就能到达，禁军不可能这样娇嫩，也不可能当时已饥饿到要发动兵变的地步。

有人提出，当时唐玄宗身边的宦官高力士是兵变的主谋。著名唐史专家黄永年先生认为高力士是唐玄宗时期的大权宦，对当时的政治有极大的影响。唐朝自长孙无忌、褚遂良被高宗贬死后，外朝宰相久未能参与内廷政权核心，其权力只限于一般日常政务。此时李林甫、杨国忠均欲染指于政权核心，自必引起高力士的妒恨。李林甫、安禄山等人都是由高力士推引而登上高位的。高力士在唐代首开宦官掌管中央政权的先例，"每四方进奏文表，必先呈力士，然后进御，小事便决之。"朝中官吏上呈的奏折都要先经过高力士，然后再上呈给皇帝，小事就由他直接决断了，这实际上已经是后来所谓的"内相"了。朝中有了内相，必然会与外相也就是宰相为了争夺权利而发生冲突，特别是遇上想弄权的外相，如李林甫、杨国忠之类，就一定会闹到水火不容的地步。双方的对立发展到使高力士在玄宗面前公开对李、杨进行攻击，要求玄宗表态，说明此前双方在私底下早有过多次斗争倾轧。因此，高力士有兵变的动机。而他又深得玄宗赏识，手握大权，也就有了谋划兵变的实力。

高力士和禁军的关系是怎样的？黄先生认为自开元十九年（731）禁军首脑王毛仲、葛福顺等与高力士争宠不胜被贬逐后，禁军在另一长官陈玄礼统率下早投入高力士怀抱。因此马嵬驿兵变就是高力士在天宝十三载（754）攻击杨国忠未达到目的后，乘安禄山叛乱之机指使陈玄礼利用禁军所发动的一次清君侧行动。由于扈从禁军全在高、陈掌握之下，肃宗毫无实力可资凭借。对当时兵变的陈玄礼来说，他不需要毫无实力可言的太子的支持，而且兵变发生后，陈玄礼与太子的另一位宦官李辅国之间更不存在特殊关系，故太子绝不可能是兵变的后台主谋人物。

另有一种观点认为兵变的幕后主谋是当时的太子李亨。他比高力士有更大的权力，也更有发动兵变的理由。发动兵变的主谋势必要具备两个条件：一是他要与杨国忠有着不可调和的矛盾。也就是说，他要有置杨国忠于死地的理由。这是发动兵变的动机，是最根本的前提条件。二是要有控制和调动禁军的能力，这是使预谋付诸行动的实力。高力士与李亨谁更具备这两个条件呢？

让我们先来看第一个条件。高力士与杨国忠的矛盾在玄宗后期并不十分突出，更没有到"内相"与"外相"相抗衡以至于不可调和的程度。高力士虽然拥有不小的权力，但并不具备操纵政局而与宰相抗衡的实力。他所做的只是上传下达以及辅佐玄宗处理一些细小政务之类的工作。他与杨国

大唐王朝历史之谜

忠虽有矛盾，但还不至于到你死我活的程度。在史籍中，也没有两者刀剑相向的记载。

相对于高力士而言，太子李亨与杨国忠的矛盾则要尖锐得多。玄宗末年，皇位继承权的争夺成为统治阶级内部矛盾的焦点，李亨继位的过程是艰难的。唐玄宗在开元三年(715)册封次子李瑛为皇太子，后来由于种种原因，李瑛被废为庶人，皇太子之位顿时悬空。当时的宰相李林甫等人极力主张立武惠妃之子寿王李瑁为太子，但玄宗却立了忠王李亨。李林甫深知不佐太子的后果是可怕的，要消除这场灾难，只有将李亨拉下太子之位，拥立李瑁，因此他不断地阴谋推翻李亨。而此时，杨国忠为了谋求高位，依附李林甫，积极地参与其中，与李林甫一起想方设法欲置李亨于死地。后来杨国忠、李林甫为争夺权力失和，但在反对李亨为太子这一点上，杨国忠始终没有改变。李亨为了保卫自己的皇位继承权，只有消灭杨国忠一条路可以走。

安史之乱爆发后，玄宗想传位给李亨，杨国忠听闻此事后大惊。如果李亨即位，就意味着杨氏家族的败落，杨国忠也会性命不保。于是他赶紧通过杨贵妃"衔土请命"，终于使玄宗打消了这个念头。这必然引起太子愤怒，只有铲除杨国忠，李亨才能尽快即位称帝。潼关失守后，杨国忠建议玄宗移驾蜀地。蜀是杨国忠的势力范围，是他的发迹之处。如果李亨随之入蜀，不要说即位无望，就是性命也难保。在这种情况下，李亨怎么肯深入虎穴？因此，为了维护自己的既得利益，李亨只有除掉杨国忠。可见，李亨与杨国忠的矛盾一直十分突出尖锐，他比高力士更有理由欲置杨国忠于死地，他成为兵变主谋的可能性大大超过高力士。

其次，从控制禁军的能力来看，李亨也比高力士更具备这个条件。众所周知，在玄宗即位前朝廷便有规定，亲王、驸马不能掌管禁军。这条禁令在玄宗时期一直坚持实行并没有解除。但是，在玄宗仓皇出逃蜀地的时候，他却给了李亨的两个儿子建宁王、广平王指挥调动禁军的权力。由此可见，李亨完全有条件通过两个儿子调动部分禁军来发动兵变。因而，李亨成为兵变主谋的可能性远远超过高力士。

除以上两个条件，我们还可以从兵变以后的受益情况来比较。马嵬兵变是一次成功的政变，兵变后的最大受益者一定就是幕后主谋者。在兵变之后，高力士仍随唐玄宗到了蜀地，不仅没有获得任何实际的政治利益，反而处境艰难。而李亨自兵变后分兵北上，彻底摆脱了其父的控制，在灵武自立称帝。显然，他是马嵬兵变最大的获益者，兵变的幕后主使，自然非他莫属。

也有人赞同李亨是事件的主谋者，但对禁军将领陈玄礼的看法有所不同。一些人认为陈玄礼不是李亨的私党，而是玄宗的心腹侍从，很可能当时只是一个被迫的支持者。有人更进一步认为兵变中玄宗幸免于难，主要是得益于陈玄礼的忠心护主。也有人认为陈玄礼是听命于李亨的。

一种观点认为，兵变的主谋是李亨身边的宦官李辅国。香港学者章群认为马嵬驿兵变，实太子宦侍与河西将士共成之，其主要人物，则为李辅国与王思

大唐王朝历史之谜

◇ 〇三三 ◇

礼，但假陈玄礼之手来完成的。由于王思礼为王忠嗣的部将，因而一直想除掉杨国忠。陈玄礼是获得了太子许可后行事的。他的结论是："观乎李辅国日后之跋扈，必有所恃，是虽告于太子，而辅国为谋主，但无思礼河西之兵，陈玄礼未必为同。"从这种观点推论，内地有学者认为兵变是太子和李辅国共同策划和发动的。

不过也有很多人对李辅国的作用提出了不同看法。他们认为参与兵变的除李亨外，还有建宁王倓、广平王俶、张良娣等，李辅国是起了一定的作用，但不能夸大。

也有人指出，马嵬驿兵变中夹杂着太子李亨与宰相杨国忠之间的尖锐矛盾，而且这一矛盾由来已久。太子是支持了陈玄礼发动兵变，也为自己消灭了最大的政敌，达到了自己的政治目的，但太子不是那股政治潮流的后台或支柱，参与谋划和主谋是完全不一样的。在兵变的前后过程中，也看不出陈玄礼与太子之间有什么特殊的关系，丝毫不见太子具备控制与指使禁军的条件。事后陈玄礼也没有跟随李亨到灵武，却一直紧跟着唐玄宗。高力士是马嵬驿事变的支持者，他的确与杨国忠之间存在着矛盾，其性质是属于内廷宦官和外朝宰相的矛盾，但高力士是否让陈玄礼对杨国忠下手，单凭推论是不够的，很难令人信服。高力士确实具备控制与指挥禁军的条件，但没有史料可以证明高力士在暗中策动与指使陈玄礼搞兵变。

其实大可不必去寻找兵变的后台主谋。以六军将士为主体而发动的兵变，实质上是各种势力反对杨国忠的一场群众性运动，并不是个别人能够煽动起来的。陈玄礼曾经慷慨陈词：今天下崩离，皇帝出逃，国家蒙难，人民死亡，这一切难道不是杨国忠专权所造成的吗！若不诛之以谢天下，何以塞四海之怨愤！这种呼声，喊出了广大军士们的真诚愿望。兵变一结束，陈玄礼就向玄宗谢罪，说杨国忠"挠败国经，构兴祸乱，使黎元涂炭，乘舆播越，此而不诛，患难未已"。因此禁军发动兵变是为"社稷大计，请矫制之罪"。杜甫称赞兵变中的陈玄礼说："桓桓陈将军，仗钺奋忠烈。微尔人尽非，于今国犹活。"他赞美陈将军在兵变中的忠烈举动，肯定了兵变的救亡性质与重大意义。如果他真是权力斗争中的工具，只是听命于后台人物的指使，杜甫说这话就实在是太迂了。

尽管兵变只有半天，很快以大家山呼"万岁"就结束了，但这件事本身的影响很大，它标志着唐玄宗统治时代的结束，唐肃宗新时代的开始。兵变的确至今仍是一个大谜，令人猜想不已。

杨贵妃下落之谜

绝色佳人杨贵妃是众所周知的我国古代四大美女之一，她和唐玄宗之间传奇式的爱情故事也在民间流传了千年。就好像善良的人们总是希望每一个故事都有美好的结局一样，尽管正史上明确记载杨贵妃于755年缢死于马嵬坡，但是在人们的心中还是存在着不同于史书的美好想象。

安史之乱后，叛军向唐朝的首都长安步步进逼。哥舒翰战败，潼关失守，附近的河东、华阴、冯翊、上洛等郡的守将都弃郡而逃，长安危在旦夕。

潼关最为吃紧的当天夜里，玄宗命龙武大将军陈玄礼整集禁卫六军和马匹。次日黎明，玄宗和杨玉环姐妹及众皇子、嫔妃、皇孙，还有大臣杨国忠等从禁苑西边的延秋门出宫。中午到达咸阳，县令早已逃走，杨国忠从集市上买来胡饼给玄宗充饥。饭后又赶路，半夜才到达距京城八十五里的金城。当夜，从前线赶来报信的人说，哥舒翰被擒。次日，来到马嵬驿。随行将士个个又饥又渴，于是怒火中烧。这时杨国忠正好走过，士兵愤怒之下将他斩杀肢解。玄宗出驿让哗变的士兵返回部队，士兵拒不散开。陈玄礼说："杨国忠谋反，杨贵妃不宜再在御前供奉，希望陛下为国法而舍割恩情。"高力士劝玄宗说："贵妃确实无罪，但是将士们已经杀死了杨国忠，而贵妃还在陛下身边，他们能安心吗？望陛下好好考虑。将士安心，陛下也就平安了。"无奈之下，玄宗只得命高力士带杨贵妃到后面佛堂，用白绫缢死，陈尸在驿庭中，让陈玄礼等来验看。

根据《资治通鉴》等史书记载，杨贵妃死在了马嵬驿，这也是为大多数人接受的史实。中唐白居易《李夫人》和郑嵎《津阳门诗注》等均明确提到了杨贵妃死后葬在马嵬，郑嵎还详细记载了玄宗命高力士移葬杨贵妃的情况。宋朝乐史的《杨太真外传》甚至说高力士将杨贵妃缢死于佛堂前的梨树下。著名学者陈寅恪先生在《元白诗笺证稿》中认为乐史可能是受了白居易《长恨歌》中"梨花一枝春带雨"的影响。

一部分学者认为杨贵妃是死于马嵬驿，但不是被高力士缢死的，而是死于乱军的枪下，这种说法的根据是一些唐诗的描述。如杜甫有《哀江头》一首，内中有"明眸皓齿今何在，血污游魂归不得"句。此诗作于安禄山占据的长安城中，所以他有可能在暗示贵妃并不是被缢死的，因为缢死是不会有血污的。唐代另一诗人李益有七绝《过马嵬》和七律《过马嵬二首》，内中有"托君休洗莲花血"和"太真血染马蹄尽"等句，究其实也是讲贵妃死于乱军之中，而不是缢死的。杜牧《华清宫三十韵》也说："喧呼马嵬血，零落羽林枪。"意指贵妃是死于禁军士兵的乱枪下。

其实杨贵妃的死因在唐代还有多种猜测，除上述死于乱枪之外，还有人认为是吞金而死。刘禹锡《马嵬行》说："绿野扶风道，黄尘马嵬驿。路边杨贵人，坟高三四尺。乃问里中儿，皆方幸蜀时。军家诛佞幸，天子舍妖姬。群吏伏门屏，贵人牵帝衣。低回转美目，风日为无晖。贵人饮金屑，倏忽舜英暮。平生服杏丹，颜色真如故。"这种讲法在其他书中并不多见，陈寅恪先生也是十分怀疑，认为可能与"里中儿"的传说有关。

然而也有一部分人并不认为贵妃死在马嵬驿，他们提出了自己的看法。

有人认为杨贵妃逃往日本了。在日本民间和学术界有这样一种看法，当时被缢身亡的，乃是一个侍女，杨贵妃并没有死，她由陈玄礼的亲信护送南逃，行至现在上海附近扬帆出海，漂泊到日本久谷町久津。唐玄宗曾命方士出海搜寻，至久津向杨贵妃面呈佛像两尊，贵妃亦以玉簪答复，但始终未能回归故国，最后在日本终其天年。据说，日本国至今仍有杨贵妃之墓，而日本著名演员山口百惠也称她自己是杨贵妃的后代。持这种观点的学者认为，当时提出要缢死杨贵妃的陈玄礼本人其实与杨贵妃并没有深仇大恨，而且据史料的记载，马嵬坡事件之后，他仍深得唐玄宗的信任和器重，如果他真的让杨贵妃死了，玄宗应对他恨之入骨才对，怎会依旧信任他呢？唯一的可能就是陈玄礼通过斡旋，使杨妃保住了性命。

与上述大同小异的一种说法，认为杨贵妃的确东渡日本了，但不是高力士和陈玄礼用的调包计，而是死而复生。日本学者渡边龙策在《杨贵妃复活秘史》中认为高力士仅是使杨贵妃窒息昏迷，杨贵妃醒后在舞女谢阿蛮和乐师马仙期的帮助下，往东南潜入襄阳，再漂泊到武昌，沿长江到达扬州。日本遣唐使团团长藤原刷雄将贵妃带上了海船，逃到了日本山口县的久津。杨贵妃出走日本后，谢阿蛮和马仙期设法把杨贵妃东渡的消息呈达玄宗，玄宗闻讯，感叹不已，就派方士去日本找杨贵妃，并面呈两尊佛像，劝她回国。双方虽互通了消息，但杨贵妃最后未能随方士回国。

与杨贵妃逃亡日本的说法相似，另有一种新颖的观点认为杨贵妃逃到美洲去了。台湾学者魏聚贤在《中国人发现美洲》一书中称，杨贵妃并没有死在马嵬驿，而是被人带到了美洲。这种说法因为没有足够的资料支撑，相信的人很少。

中国有一部分学者认为杨贵妃最终流落于民间。俞平伯首先于20世纪20年代提出这一看法，他主要是对白居易《长恨歌》和陈鸿《长恨歌传》进行了考释。他指出，白氏诗中说"似马嵬之事不足为恨"，看来只有生离才称得上"长恨"。白氏又说："马嵬坡下泥土中，不见玉颜空死处。"玄宗正是由于马嵬驿坟中没有杨妃的尸体，才遣方士四处寻觅。白氏诗中又说："上穷碧落下黄泉，两处茫茫皆不见。"其实是说杨妃仍居于人间。基于以上种种原因，俞平伯认为马嵬事起仓促，杨贵妃虽被赐死，但未必真死，可另觅替死鬼。杨妃流落民间后，大约当了女道士。唐代的女道士院就是娼家妓院，故杨贵妃最终沦落为娼女。所以对深爱杨贵妃的玄宗来说，真是"此恨绵绵无绝期"了。有不少学者赞成俞平伯的说法，并进一步作了论证。

杨贵妃是个有着倾国倾城美貌的特殊人物，她的死被蒙上了一层特殊的面纱。对美的追忆，使我们对杨贵妃的最后归宿，至今仍持有不同的观点。也许在这些观点中，包含着过多的感情色彩！

李白家世之谜

李白，这位盛唐诗坛的代表作家，是我国文学史上继屈原之后又一伟大的浪漫主义诗人。李白的一生充满了传奇色彩，我国民间流传着他的种种神奇传说，关于他的身世、家庭众说纷纭，成了聚讼不休的一大疑案。疑问之下还是要问：李白是汉人吗？

在中国古代众多诗人中，没有一个人的身世像李白那样出现如此紊乱的说法。传说李白相貌长得特殊，"眸子炯然，哆如饿虎"，具有西域胡人的特征，而且其先世曾在西域生活，很多人提出了李白是否是汉人的疑问。根据李白自己的诗文自叙，和李白从叔李阳冰的《草堂集序》、李白好友之子范传正的《唐左拾遗翰林学士李公新墓碑并序》及后人的研究，可得出几种说法，其中有汉人说、胡人说和胡化汉人之说最为人们所重视。

李 白

造成这诸多说法的原因之一，是因为李白的一生，到处流浪，四海为家，如此便容易使人形成错误的判断。其次，李白的祖先曾在西域生活，李白的出生地也有是否在西域的争论，因此关于李白的家世就形成了众多说法，一千多年来竟无定论。

一种说法认为李白的确是汉人，不过这种说法又有李白是李唐宗室说和非宗室说两种观点。

李白本人在自己的著述中曾有过一些透露，《与韩荆州书》中说："白本陇西布衣，流落楚汉。"《上安州裴长史书》谈道："白本家金陵，世为右姓，遭沮渠蒙逊难，奔流咸秦，因官寓家，少长江汉。"虽然这些自述语焉不详，很难从中了解到李白的家世渊源究竟如何，但李白说自己是汉人的后代是没有问题的。在《赠张相镐二首》中，李白又写道："家本陇西人，先为汉边将。功略盖天地，名飞青云上。苦战竟不侯，当年颇惆怅。"这里他只提及远祖，而不言近代。说到其祖先曾"遭沮渠蒙逊难"，实际指凉武昭王李暠之子李歆被沮渠逊难打败而死一事，这个祖先从辈分上推的话不知要有几代了。这样，从李白的自述中，我们是很难了解清楚他的家世状况究竟怎样。

李白从叔李阳冰在《草堂集序》中这样写道："李白，字太白，陇西成纪人，凉武昭王暠九世孙。蝉联珪组，世为显著。中叶非罪，谪居条支，易姓与名……（其父）神龙之始，逃归于蜀。"李白好友范伦的儿子范传正在《唐左拾遗翰林学士李公新墓碑并序》中说："公名白，字太白，其先陇西成纪人。绝嗣之家，难求谱牒。公之孙女搜于箱箧中，得公之亡子伯禽手疏十数行，纸坏字缺，不能详备，约而计之，凉武昭王九代孙也。隋末多难，一房被窜于碎叶，流离散落，隐易姓名，故自国朝以来，漏于属籍。神龙初，潜还广汉，因侨为郡人。父客，以辅其邑，遂以客为名，高卧云林，不求禄仕。"

从上述两段介绍中，我们可初步得出结论，李白乃陇西成纪人，他是凉武昭王李暠九世孙。其先世不知是什么原因逃到了碎叶，武则天时期才回到蜀地。显然可以明确地说李白是汉人。以俞伯平为首的一些学者便持这一观点。

不过这里还有一个值得进一步探索的问题，李白究竟是否是凉武昭王李暠的九世孙？因为如果说李白是凉武昭王李暠的九世孙，那么他自然说应该是唐玄宗的族祖。唐玄宗在天宝元年（742）曾下过诏书昭告天下，准许李暠的子孙"隶入宗正寺，编入属籍"，意思是凡李暠子孙后代的都可以登记进皇族的户口，这在当时是十分荣耀的一件事。然而，据史书的记载，李白一家却并没有前去登记入册。直至后来，李白进了翰林院，多次见到了唐玄宗，也没有直接向皇上提及此事。即使到了李白晚年，他的处境甚为艰难潦倒之时，他内心希冀托人推荐的心情十分紧急迫切，也没有向任何人提起自己有这一档子家世。仅这一点就十分令人怀疑，为什么李白生前不敢将自己的家世明言告知众人，或者写成文字文献，而只在死后让别人为之公布于众呢？

后来，又有人根据李白的"家本陇西人，先为汉边将"等诸如此类的诗句进行了深入的分析，认为李白是"飞将军"李广的第二十七代孙，属于西汉李陵、北周李贤、隋朝李穆一系的后裔，可李白在生前却只亲口承认其远祖是李广，而否认与李陵、李贤等人的关系。

也有许多人认为，李白的祖先为汉人但非李唐宗室，李白的先世应为久居西域的汉人，本非李姓，潜归蜀中后为了抬高自己的门第，才更改姓名，假冒李暠的后代。

有人推测李白与李唐宗室有关系。持这种观点者认为李白先世是汉代飞将军李广之后，世为当代著姓。因为沮渠蒙逊灭西凉，所以他们这一支逃到西域了，远离江南，以官寓家，散处四方。李白的确是凉武昭王李暠的九世孙。李暠的子孙除李虎、李渊一支外，其他的在后魏和周隋之间可能有人是比较显达的。李虎有兄名起头，生子达摩，其后无闻。达摩后一代，即李渊从兄弟的辈分。李白的先世在隋末以罪徙西域，而达摩的后代恰巧在这一时期失踪了，虽不可以决定李白的先世即为达摩之后，但不妨可作这样的推测。

近年来，台湾一位学者根据自己的分析，认为李白是李世民的曾侄孙。他认为李白是李广、李暠的后代，因其先人曾经遭贬谪的事实，推断出李白先人犯的罪可能牵涉一场"宗室恩怨"——"玄武门之变"，他的曾祖父可能就是李世民的哥哥或弟弟的其中一个。不过，这些推断，也只是一家之言，还有待进一步的考证，以期得到可靠文献资料来验明正身。

然而，要探讨李白的家世，就必须对他父亲的情况作深入的了解。他父亲李客究竟因何原因"逃归于蜀"或"潜还广汉"？如是国破家亡，出奔异域，那么老早就应该返回原籍。假如是因为触犯刑律，流放远方，那么时隔百余年，也用不着再多此一举，"潜归广汉"。总而言之，李白的祖先无论是因国破家亡，还是触犯刑律，都不能构成"逃归于蜀"或"潜还广汉"的真正原因，不能促使李白的父亲"逃归""潜还"，跑到偏僻荒芜的大巴山中。也正是这一原因，使得李白对自己的家世闪烁其词，以至于后人无法真正了解这位大诗人身世的来龙去脉。

近人对这个问题也进行了林林总总的分析，有人从清人王琦编著的《李白年谱》中提到的《杜诗补遗》与范传正的《唐左拾遗翰林学士李公新墓碑并序》，拿来相互比照，以及"浦其邑"一语在《周易讼卦》中的原意等方面进行分析、推论，认为李白父亲李客的"逃归""潜还"，很可能是与"任侠""避仇"有关：李白的父亲作为一名侠士扶贫济弱，得罪了不少权贵，抑或为了避开仇家的追杀而隐居巴蜀。正因为这样，他只能"事了拂衣去，深藏身和名"。而他的亲友在提到他们的家世籍贯时，也只有"为尊者讳"，"为亲者讳"，一律使用托辞和曲笔了。

如果这种推断能够成立的话，那么关于李白家世中的一系列疑难问题，便可梳理清楚。李白在他的诗文中，对妻子、对儿女、对兄弟、对朋友都曾多次提及，且专门有诗寄赠他们，多次表现了他的深切情意，而唯独对他父亲却讳莫如深，李白这位"凉武昭王李暠的九世孙"，只能私下和朋友谈谈自己的显赫家世，而不敢公开形诸文字，更不敢到朝廷上去登记户籍，这都与他父亲的经历和处境紧密关联。他父亲李客或是一位劫富济贫或替人伸冤的侠客，某日由于触犯了当权者，不得不避居于穷乡僻壤，隐姓埋名起来，过着隐士一般的生活，终其一生。而我们从李白的诗文，以及他的所言所行中，也仿佛看到了它们闪烁着李白父亲的这种气质。我们的学者若从这一点再进一步深入寻根问底，也许可以找到李白家世的真正谜底。

然而我们在探讨李白的先世种族时，难以避开的一个问题是，李白的先世无论怎么说都一定与西域有关。这样就引出了第二种说法，认为李白不是汉族人，而是一个胡人。著名史学家陈寅恪先生对于这个问题的解释，令人有些出乎意料。

陈寅恪认为李白的父亲本是西域的胡人，直至到了蜀地之后才改姓氏为李。他在《李太白氏族之疑问》一文中，阐述了自己观点的来龙去脉。他指出，条支直到唐太宗贞观十八年（644）平定焉耆，高宗显庆二年（657）平定贺鲁之后，才隶属中国政治势力范围，始可成为窜谪罪人之地。如果李白的先人在杨隋末年就窜谪到这么远的地方，一定不是当日情势所应该有的事实。之所以要诡称是隋末，恐怕主要是文饰他是凉武昭王的后裔，但他又为什么不能编入宗室属籍呢？他认为李白生在西域，五岁以后才迁居蜀汉，至中国后方改姓为李氏。他的父亲之所以名客，主要是西域人的名字在华夏不通用，因而"以胡客呼之"，遂取以为名，其实不是自称的本名。蜀汉之地在六朝隋唐时期为一个西胡行商的区域，所以李客或为商胡，入蜀后以丰裕的财产成为豪族。

此后有学者明确指出李白是胡人，"白之家世或本商胡"。日本学者松浦友久先生也认为，李白一家本是西域一族。近年来李家烈先生不仅重申了陈寅恪、松浦友久的观点，而且走得更远，认为李白不是汉人，亦非边疆民族，而是地地道道的"老外"。他给出的理由是：其一，李白与汉族儒家文化相抵牾，没有丝毫汉族的"夷夏之防"；其二，李白在自述家世时，有意掩饰外国籍贯；其三，李白通晓外语；其四，李白外貌奇异，是身高一米九的高鼻蓝眼人。此种说法，言之凿凿，使人将信非信。

但很多人认为说李白是胡人毕竟在感情上接受不了，所以对上述观点的一些论证进行了反驳。有人说，古时凡汉民族迁居外域，便称为窜谪或降居，所以李白先世移居西域，并非因罪窜谪，更何况李白先世窜谪的时间也不一定是在隋末。李白先世有可能原本不姓李，但不一定就是胡人，而且去蜀前一度隐易了的姓，仍有可能就是李姓。李白的父亲名客，也可指外地去蜀的汉人，因而在尚无称李客为胡客的佐证之前，不能轻易就下结论。李白先世可能与李唐宗室有纠葛，至唐玄宗时由于旧隙未消，所以才不能入宗正寺的属籍。李白懂西域语并不能说明什么问题，因为汉族人只要其家世与西域有一点关联，能言月氏语和懂夷礼并不困难。李白的相貌虽像胡人，但汉人中相貌具有胡人特征的也不少见，两者没有必然关系。

还有一种观点认为，李白的先世曾经寓居在咀逻城（条支）的南面十余里外，是突厥化了的汉人。他们认为李白的先世既不是胡人，也不是汉人，而是汉之苗裔、胡之身躯的中原和北地的混血儿。李白是西汉李广嫡孙李陵的后代，是道地的汉人后裔。早在汉武帝时，李陵败降匈奴，其在中原的家小被斩尽杀绝，但李陵身居胡地时又妻胡女，子孙依胡俗改姓拓跋氏。至隋末，他的后裔蒙难又被流放到西域。李白的先世属于这一支，带有胡族的血统也就顺理成章了。

胡怀琛先生也认为李白的容貌和古书中的讲的碧眼胡僧差不多，李白的母亲有可能不是中原地方的人。李白有一个儿子叫明月奴，还有一个儿子叫颇黎，两人都不像是中原人命名的习惯，疑是突厥化的产物。

虽然关于李白家世的说法至今无法统一起来，但这不影响李白在中国文学史上的功绩。众所周知，唐代是一个包容开放的时代，胡汉交融促进了人类文明的进步，不管李白是不是汉人，都是中华民族的骄傲。

杜甫死因之谜

　　杜甫是中国文学史上最伟大的现实主义诗人，他的诗被公认为"诗史"。他的一生，经历着玄宗、肃宗、代宗三朝，是唐朝由开元盛世转入动荡衰败的大时代。杜甫不是一个超越世外的隐士，而是一个深入社会深入生活的实践者。杜甫在五十九岁那年去世，关于他的死，也有几种不同的说法。

　　唐代大诗人杜甫，字子美，出生在一个"奉儒守官"的官僚家庭。其祖父杜审言是武则天时期的著名诗人，父亲杜闲曾为兖州司马和奉天县令，因此他享有不纳租税、不服兵役等特权。杜家到杜甫出生后，已经家道中落，杜甫自己说，他少小多病，贫穷好学，奠定了学问基础。他虽贫穷多病，志气却很不小，杜甫觉得谪居家园很难施展胸中的抱负，成年后便游历全国。他的诸多作品都反映了对国土的赞美和对人民困苦生活的关注。

　　杜甫一生历经漂泊。代宗永泰元年（765），即他五十四岁的时候，想安定下来，却失掉了好友严武，同时也失去了生活的凭藉。于是，他继续漂泊流浪，在五十九岁那年去世。关于杜甫究竟死于何因，有着诸多不同说法。自唐中叶以来，关于杜甫死因的说法主要有这样几种，一是"啖牛肉白酒醉饱而死"，一是"溺水而死"，一是"因病而死"。

　　根据《旧唐书·杜甫传》的记载："永泰二年（此时间有误，应是大历五年），（杜甫）啖牛肉白酒，一夕而卒于耒阳，时年五十九。"《新唐书》本传的记载与此基本相同："大历中，出瞿唐，下江陵，溯沿不得食，县令具舟迎之，乃得还。令尝馈牛炙白酒，大醉，一夕卒。年五十九。"由此可见，杜甫食牛肉白酒，一日暴死，这种说法的史料来源十分正宗。

　　但是，吃喝了牛肉白酒怎样会致人于死地呢？这个问题引发了人们的猜测。从史源上说，早在两《唐书》成书之前，就有唐人郑处诲《明皇杂录》的相关部分有了这样的记载：唐代宗大历五年（770）杜甫客居耒阳，游岳祠，大水遽至，十多天没有东西吃。县令用船将杜甫接回来，并且送给他牛炙白酒。杜甫一见，"饮过多，一夕而卒"。可见，此后的两《唐书》均沿用了此说，只是没有清楚表明牛肉白酒是怎样致杜甫于死地的。而郑处诲就说得详细明了，杜甫是因为吃得太多太快，腹胀而死。之后研究杜甫的人，很多同意郑的说法。

　　郭沫若在《李白与杜甫》一书中，对于杜甫的死因也曾作过专门论述，他认为杜甫的确是死于食牛肉白

杜　甫

酒，不过不是"夭死"，而是因为中毒。郭沫若的分析看来还是比较科学中肯的。他认为，当时杜甫正因为大水而阻隔在耒阳这个地方，时值酷暑天气，当地的县官聂某命人送来了牛肉与白酒，杜甫并没有一次将它们吃完，于是剩下来的由于冷藏得不好而腐败了。我们知道，腐肉是有毒的，特别在是腐败后二十四至二十八小时毒性最烈，能使人神经麻痹、心脏恶化而致死。杜甫在食物腐败之后再食，加上当时他年老体弱又多病缠身，喝下的白酒使得腐肉毒素在血液中加速循环，因此吃腐肉饮白酒中毒而死是说得通的。

有人认为杜甫在大历五年先后于夏天和冬天两次为水所阻。第一次困于耒阳方田驿，脱险后食县令馈赠的牛炙白酒，并没有大醉，更没有中毒而死，因为之后他写的《赠聂耒阳》纪事长诗，要是死了，就不会有此诗了。第二次是"漂寓湘潭"之后，即在冬天回棹南进，再度来到耒阳县，县令又送来了牛炙白酒，因饥肠辘辘吃得过多，就死于暴饮暴食诱发的急性胰腺炎。在当时来说，此病一得即死。

有人不同意这种看法，说大历五年夏天之后杜甫还有六七首诗如《回棹》《长沙送李十一》《风疾舟中伏枕书怀三十六韵奉呈湖南亲友》等，难于把这些作品都说成是伪作。而且这种说法比较晚，还是应该以杜甫之孙邀请元稹写作的《杜君墓志铭》为最可靠。

有人认为杜甫是溺死的，最早见于唐人李观的《杜甫补遗》。这部书里有这样一段记载："甫往耒阳，聂令不礼。一日，过江上洲中，醉宿酒家。是夕江水暴涨，为惊湍漂没，其尸不知落于何处。自玄宗还南内，思子美，诏天下求之。聂令乃积空土于江上，曰：'子美为牛肉白酒胀夭而死，葬于此矣！'"对于这种观点，很多人认为并不可信，后世研究杜甫的名家如王得臣、黄鹤、邓昂、钱谦益等纷纷为之辩诬。从实际来看，后人的指责是有一定道理的，因为玄宗死于宝应元年（762），他怎么可能在大历五年（770）去思念杜子美呢？

与这种讲法相近的是杜甫自沉而死说。伪托了韩愈的《题杜子美坟》认为杜甫是与屈原一样怀沙自沉的。因为这样一来，"三贤"（指屈原、李白、杜甫）便同归一水了。不过，这一想象没有任何根据，根本不值得深究。

较多的研究者坚持杜甫病死湘江舟中的观点，他们对于有关杜甫死因的种种不同记载与传说作了辩驳，对病死说作过一番详细而似乎合情合理的解释。

时值大历五年四月，湖南兵马使臧玠于夜间放火作乱，杀死湖南观察使兼潭州刺史崔瓘。其时在潭州贫病交加的杜甫携家眷慌忙出逃，准备溯郴水投奔在郴州任上的舅舅崔伟。不料在行至耒阳县方田驿时，突然遇到江水大涨，无法行舟，只得停泊于驿中。由于没有准备食物，杜甫好几天里得不到任何吃的东西。耒阳县令聂氏闻此讯息，立即差人为杜甫送去丰厚的食物，并且修书一封邀请杜甫到县衙去。杜甫作诗感谢，诗题："聂耒阳以仆阻水，书致酒肉，疗饥荒江，诗得代怀，兴尽本韵，至县呈聂令。"后因为水势持续不退，诗词自不能送达聂令处，杜甫也只好掉头顺水回衡州去了。大水退去后，聂令再次派人在江面上寻找杜甫所在的船只，却不见踪迹，便立即断定杜甫葬身大水，遂命令手下在耒阳县的北部建一衣冠墓，以纪念这位闻名于世的伟大诗人。后来因为有了《明皇杂录》、《杜传补遗》、新旧《唐书》的记载，所以产生了杜甫啖牛肉白酒而死、溺死等传说。但是，他们的记载毕竟没有杜甫本人诗句和杜氏子孙处理先人丧事经过的事实来得更加真实确切，可信度不高。

杜甫回到衡州后，仅是略作停留，便沿江而下。过洞庭湖时，他书有《过洞庭湖》诗："破浪南风正，回樯畏日斜。湖光与天远，直欲泛仙槎。"诗中"南风正""回樯"等字眼，恰证明了杜甫从上游而下的情景。由于杜甫一秋一冬居于舱内，风痹病日益加剧，最后卧病舟中。这时偏偏天不怜人，杜甫的幼女夭亡，于是在他写出了一首长诗《风疾舟中伏枕书怀三十六韵奉呈湖南亲友》后，这位伟大的诗人便溘然长逝。

一些研究杜甫的学者提出，如果说杜甫在耒阳殁于牛肉白酒，那么这些杜诗中所记述的事实又该作何解释？杜甫死后，他的家人甚至连安葬他的钱财也没有，只好旅殡于岳阳。直到四十三年之后，才由杜甫孙杜嗣业始从岳阳把杜甫的遗体运到了河南偃师，葬于首阳山杜审言的墓旁。杜嗣业还拜请了元稹为杜甫作墓志铭，铭文中有"扁舟下荆楚间，竟以寓卒，旅殡岳阳，享年五十有九"（元稹《唐故检校工部员外郎杜君墓志铭》）的句子，这也可以作为杜甫病死湘江舟中的有力证据。

也有人对杜甫究竟得了什么病有不同意见，从医学角度分析了杜甫的生活经历及晚年的健康状况，认为杜甫真正的死因是糖尿病。这种观点是用现代的医学知识来研究古人的病情，是一种比较新的说法。

杜甫到底是病死湘江舟中，还是殁于牛肉白酒或者葬身郴水，各种说法均言之凿凿，尚不能最后下定论，还有待研究者们作更进一步的探讨分析。

与上述问题相连的一个谜案是杜甫死后葬在何处。由于对杜甫死因的看法不一致，杜甫的葬处也有较大的不同。

郑处晦《明皇杂录》及两《唐书》记载杜甫吃了牛炙白酒，死于衡州耒阳。根据当地的方志记载，杜甫墓在县城北一公里的耒江畔。此墓在南宋理宗景定年间重建，明朝时又再次修筑。不过有人提出，其后杜甫的孙子杜嗣业为了实现祖父迁葬祖茔的遗愿，将杜甫的墓迁到了河南偃师，耒阳实际上仅仅是当时的一个权厝冢。

有人指出，根据元稹的《唐故检校工部员外郎杜君墓志铭》以及后代的《湖南通志》《巴陵县志》《平江县志》等明清文献，认为杜甫在耒阳死后，杜甫子杜宗武并没有继续南下，而是举家移居岳州（今湖南岳阳），并将权葬于耒阳的杜甫灵柩迁到岳州。元稹的《墓志铭》上说的"旅殡岳阳"，就是指当时的坟墓在岳阳，后来迁到了北方。

那么在岳阳今天能够找到杜甫曾经葬过一段时间的痕迹吗？地面上，当地人搜寻了很长时间，并没有见到明确的标识。后来人们在《平江县志》中找到了线索，发现今汨罗江畔的平江县小田村有杜甫墓，还有杜甫的后裔继续生活在那里。平江县在唐代称昌江，隶属于岳州，"旅殡岳阳"就是指当时葬在平江县。一些人提出，杜甫死后，子杜宗武贫困无力迁葬，也在平江病逝。这样杜甫长子、长孙这一支不得不留在平江，为祖宗守墓地。

唐宪宗元和八年（813），杜嗣业将杜甫安葬于河南首阳山下，这是杜甫最后的归宿地。杜甫墓现在河南巩义市老城西北的邙岭上。清乾隆年间，杜甫墓被村民的麦地包围，越缩越小，但县令朱续志想办法找到了墓的所在地，造茔树碑以示纪念。今天的墓地坐北朝南，杜甫长子、次子的墓也在近旁，形似覆斗，高十米，周长七十二米。

不同意者认为杜甫灵柩其实并没有迁葬。清朝同治间，有位叫张岳龄的老学究在实地考察偃师后，写了一篇《杜工部墓辨》的文章，认为偃师没有杜甫墓，也没有杜氏的后裔。杜宗武、杜嗣业一支一直在平江为杜甫祭守墓地，所以他们与杜甫一起葬在了平江，并没有归葬偃师。平江现有杜氏的后裔，其实是对这个问题的最好说明。

今天，考证出杜甫的墓到底是在耒阳、平江还是偃师，其实并没有多少实际意义，不管是真是假，只要能表达出后人对杜甫的一点纪念之情就可以了。不过就学术而言，搞清这个问题仍是具有较大意义的，而且我们相信学术界早晚会对这个问题探究清楚的。

杨炎死因之谜

中唐名相杨炎祖孙三代均以孝著称。他由谪臣被超迁为宰相，继而独掌大权。两年之后，为德宗贬杀，死时五十五岁。到底是什么原因让他在政治生涯的顶峰一下子跌入低谷，甚至连性命都不保呢？

杨炎（727—781），字公南，凤翔天兴（今陕西凤翔）人。史称杨炎相貌英俊，文辞出众，他所写的《李楷洛碑》，被当时文人争相传诵。杨炎豪爽讲义气，"乐贤下士，以汲引为己任，人士归之"。也就是说，他以荐贤举才为己任，所以很多士人都愿意归附他。唐代宗时期，元载为宰相，便一直想寻觅一个有学问有才望的人，以备以后可以接替自己的相位。因杨炎与元载是同乡，且有才干，元载最后看中了杨炎，对他亲厚无比。大历九年（774），元载提升杨炎为吏部侍郎、史馆修撰。杨炎当时四十八岁，正是盛年。不想政治风云突变，三年后，元载被代宗诛杀，杨炎也被视作同党而贬为道州司马。

大历十四年（779），代宗死，德宗即位。德宗早在当太子时就听说过杨炎的才学，又对他的《李楷洛碑》十分喜爱。在商议任用宰相时，宰相崔祐甫认为杨炎有学问，"可器任"，于是就提升杨炎为门下侍郎、同中书门下平章事。

任用杨炎为相，德宗得到了史书的好评，史称"炎有风仪，博以文学，早负时称，天下翕然，望为贤相"。

《旧唐书》卷一百一十八《杨炎传》的作者最后评价杨炎时，用了孔子的"富与贵是人之欲，不以道得之不处，反乎是道者小人"作为评价的标准，认为杨炎为宰相后实行的经济改革是"富贵不以其道，小人之事哉"。大多数人不同意这种评价，认为是有失公允的。

杨炎上任之后，果然不负众望，做出了几项"救时之弊"的政绩，对国家经济做了重大改革。首先是恢复中央财政的钱物管理常规，建立起国家财政与宫廷费用的分配计划，对以后唐代的财政管理产生了积极的影响。也就是说，杨炎上台以前，"天下公赋为人君私藏，有司不得窥多少，国用不能计其赢缩"，杨炎将这种局面进行了改革，国家财赋归左藏库，每年从其中拿出三五十万划归大盈库。这样使得皇室用钱与国家财赋区分了开来，宫中用钱也有了一定程度的节制。

唐初就实行的租庸调制积弊较深，到中唐时已没有固定标准，官吏们巧立名目，随意增加赋税，新旧税接连不断，农民不堪忍受只能沦为逃户。为了革除税收的弊病，增加国家的财政收入，并解决对藩镇的军事费用，杨炎于建中元年（780）创立了两税法，根据土地的实际面积决定赋税的额度，租庸杂徭全部废除，实现了中国封建社会的税收从以人头计税为主向以土地计税为主的转变，对后世产生了深远的影响。

杨炎在经济上取得了很大的政绩，一时受到朝廷内外赞誉，人们对他寄予了很大希望，不过杨炎的"贤相"之名并没有维持多久。几个月后，另两位宰相都不能参加政事讨论了，其中崔祐甫得病，无法参与议政，乔琳被罢免，这时的杨炎开始"独当国政"了，大权一人在握。出于对元载的感恩戴德，杨炎总想报答他。他奏请实施元载生前提出的在原州修筑城堡的规划，遭到了泾原节度使段秀实的反对，于是杨炎就将其解职，征召为司农卿。杨炎"酬恩报怨"的心理特别严重，对曾经有恩于他的，哪怕是点滴之恩的人也都大加提拔，如道州录事参军王沼被提为监察御史。

杨炎还构陷了著名理财家刘晏的冤案。刘晏是奉命审判元载的主审官，当年任吏部尚书时，与任吏部侍郎的杨炎皆恃才傲物，已有积怨。元载案中，元载被杀，作为其余党，杨炎也受到牵连被贬，因此对刘晏更加怨恨。杨炎得势后，便想方设法地陷害刘晏，在德宗面前一番坏话一讲，德宗遂罢免了刘晏的财权。建中元年，杨炎又以刘晏奏事不实为由，将其贬至忠州。又任命与刘晏有过节的司农卿庾准为荆南节度使，诬陷刘晏在忠州谋反，将其杀害，并把他的妻子儿女流放岭南。此事使"朝野为之侧目"，上下都认为刘晏冤枉，众人对杨炎更为不满。

节度使李正己多次上表，请求彻底调查刘晏反叛一事的真伪。杨炎害怕自己的阴谋败露，就派了心腹四处散播谣言，说刘晏之所以被杀是因为"昔年附会奸邪，谋立独孤妃为皇后，上自恶之，非他过也"。即指刘晏并没有其他过

错，只不过是早年在立皇后一事上得罪了德宗皇帝，使德宗对他厌恶不满，欲除之而后快，这样把杀刘晏的罪名推到了德宗皇帝的头上。这种流言传到了德宗那里，虽然德宗表面上并没有责怪杨炎，但心里已经起了杀机，欲寻找机会除掉目中无人的杨炎。

于是德宗提拔了卢杞为相，与杨炎一同执政。卢杞相貌丑陋，又没什么才学，杨炎根本不把他放在眼里，对他极其厌恶、鄙视。不仅在处理朝中政事时处处与他争执，还称病不肯与他一同在政事堂中吃饭，简直不给卢杞半分脸面。卢杞当然不是省油的灯，史称其"忌能妒贤，迎吠阴害，小不附者，必置之于死"，连被德宗称为"尚父"的郭子仪也不得不对这个阴险狡诈的政客小心防范。像杨炎这样任性妄为，全然不给卢杞半点面子的做法，必然会招致对他的陷害报复。

果然，卢杞抓住杨炎把私宅高价卖给官府的事大做文章，唆使与杨炎有旧怨的严郢弹劾杨炎"抑吏市私第，贵取其值"，又让大理正判杨炎"监主自盗，罪绞"。杨炎又在曲江建私家祠堂，而此地当年是玄宗活动的场所。于是又有谣言称杨炎选"有王气"之地造家庙，"必有异图"。终于把杨炎挤入十恶不赦的境地。建中二年（781）十月，德宗下诏贬杨炎为崖州司马。在距崖州百里处 德宗又下诏将其缢杀，终年五十五岁。

史称杨炎死因为"睚眦必仇，险害之性附于心，唯其爱憎，不顾公道，以至于败"。的确，杨炎的悲惨结局在一定程度上要归因于他的恃才傲物、睚眦必报的性格与处世方式。正因为他的这种性格，才使他在朝中树敌过多，积怨甚众，继而与小人卢杞结怨，遭受打击报复。但卢杞陷害杨炎的阴谋之所以能这么快就顺利得逞，与德宗的纵容有不可分割的密切关系，因此一定意义上说杨炎其实早把德宗也得罪了。

德宗是一个刚愎自用的皇帝，他一方面为杨炎入相提供了机会，一方面又不能长期容忍恃才傲物的杨炎在身边专权。他提拔卢杞为相，就已经隐伏了杀机，欲先削弱杨炎的相权，再进一步放任卢杞的陷害行为，让卢杞背害人之名，实现自己除掉杨炎的目的。这在杨炎死后多年，他与后来的宰相李泌的对话中可以清楚地看出。李泌认为杨炎罪不至死，全是卢杞排挤陷害的结果。而德宗也毫不隐讳地说："卿言诚有之，然杨炎视朕如三尺童子，有所论奏，可则退，不许则辞官，非特杞恶之也。"可见，杨炎专权之后不把德宗放在眼里，君权与相权产生了尖锐的矛盾，才使德宗欲除掉杨炎以夺回专制君权。专制君权与相权的矛盾是酿成杨炎悲惨结局的根本原因。他是专制君权与相权争夺中的牺牲品。

也许，这样解释杨炎的死因是比较合理的，你以为如何？

柳宗元好佛之谜

柳宗元是我国家喻户晓的唐代杰出的文学家，同时他也是我国历史上著名的唯物主义思想家，是一个无神论者。然而，他却称自己"自幼好佛"，并且"求其道积三十年"。这一矛盾的现象引来了学术界诸多争议。

对于柳宗元的好佛问题，学术界一直是众说纷纭，莫衷一是。有论者把柳宗元好佛归结于其唯物主义局限性的表现，也有论者根据其"好佛"的种种迹象对他的学说进行否定，认为他不是一个唯物主义思想家。

侯外庐认为，柳宗元是唯物主义和无神论者，就其文章学说的内容、体系、战斗性和科学性等方面来看，不仅在唐代最为突出，而且在中国唯物主义、无神论史上也有其创造性的建树和特殊的历史地位。

不过著名史学家范文澜就不同意这种看法。他认为柳宗元的思想分成两截，半截唯物，半截唯心。他肯定柳宗元的唯物主义思想在哲学史上有较高的地位，但又认为柳宗元是天台宗的佛教信徒，好佛佞佛，深信祸福报应，沉湎很深。

任继愈也认为柳宗元继承了中国朴素唯物主义的传统，并利用当时的天文地理等科学知识对唯物主义理论有所丰富，但对佛教没有进行斗争。由于他受佛教唯心主义哲学的影响很深，使他在当时思想斗争的重要战线上，主攻方向不明确，降低了他的唯物主义的思想水平。

章士钊对柳宗元与佛教的关系进行了分析，认为柳宗元好佛却不忘儒，而且往往援佛而入儒。

很多人认为柳宗元思想中有两重性的成分，既有唯物主义无神论思想的积极因素，又笃信佛教，而且在理论上有天命论思想和佛教因果报应的言论。他在谈天人关系、社会形成以及宇宙的本源、规律和无限性等问题时主要方面是唯物主义的，但在寻找人生的归宿、社会的治理方案和如何对待佛学时，他又迷信佛教，相信有一个极乐的天国存在，把天国作为人生的最后归宿。

目前比较流行的看法是：柳宗元"好佛而不信佛"。持这一观点的学者大都打破以往学术界对佛教的偏见，对柳宗元的好佛作了深入和具体的分析。有人认为柳宗元的好佛与迷信宗教是不同的，他不排佛并非潜心信仰，而是把它作为一种学派加以研究。持这种观点者认为，柳宗元把佛学的心性看作是一门学问，可以佐教化，佛

柳宗元

学中的这部分内容是儒学固有的，可以与儒学相互衬托，而不是佛教中的迷信。他并不认为利用佛学中的有用部分佐教化是以神道设教，而是一种启发心性、陶冶性情的方法。

中唐以后的一些皇帝，如德宗、顺宗、宪宗等几乎每年要召沙门入殿应对，甚至亲自入寺设供奉，因此朝廷内外许多达官名士都与那些名僧大德唱和宴乐，并且与他们结交为师友，奉佛礼佛是当时的一种社会风尚。柳宗元就生活于佛教盛行的唐代中叶，正所谓"上有所好，下必盛焉"，虽然拥有先进的思想，但是为了在官场上站稳脚跟，柳宗元自然也要融入他们的社交圈，与佛徒交游，并为他们撰写碑文。值得注意的是，与柳宗元交往的佛教徒大都是名重一时的人物，比如灵澈，他曾与皎然、包佶、李纾、严维、刘长卿、皇甫曾等人有深厚的交情。贞元中，灵澈活跃于京师，名声闻于天子，后来辗转回到吴越一带，也受到那里名士们的礼遇。灵澈去世后，柳宗元写了三首悼念他的诗，诗中回忆了两人昔日的友情。

被贬永州之后，柳宗元还为佛徒写下了大量碑文，后人看见这些碑文中充斥着溢美之词，便将它们视为他信佛的依据。然而实际上，这些碑文不一定就是他的本意，因为它们大都是柳宗元应人之邀或受人之托而写的，是一种应酬的文章，而且碑文中的材料都来自别处，他只不过是进行一番整理、加工、润色而已。因此学者们认为，柳宗元作为统治阶级中的一员，他的好佛乃是唐代地主阶级的社会政治需要在他身上的反映。

柳宗元好佛除了上述时代和社会政治的原因之外，还有其自身的心理原因。根据史书的记载，柳宗元曾经参与永贞革新，后革新失败，"二王八司马"遭贬，柳宗元从长安被贬到了永州。永州是远离政治文化中心的偏僻之地，和长安相比，那里风俗不同，言语不通，而且很少有机会碰到有学问的人。陷于此种境地的读书人，其内心的苦闷是可想而知的，更何况柳宗元一度在朝廷中担任要职，家里藏书上万册，每天上门与之交游的人络绎不绝。可是到了永州之后，他不但没有可读的书，曾经在官场上结交的那些朋友也因为害怕受到牵连而渐渐与他疏远，柳宗元竟然在五年之内没有收到过一封来自朋友的书信，以至于他在收到孟容的信时，还以为自己是在做梦，使劲地用信敲自己的脑袋。就在这样的情况之下，他的女儿又染病夭折，由于其妻杨氏早逝，女儿的死无疑使他原本就很凄凉寂寞的生活雪上加霜。改贬柳州之后，柳宗元表面上乐山好水，过着安于恬淡的闲适生活，然而在他的文章中常常能见到"茫茫上天，岂知此痛"的悲愤感叹，可见他的情绪仍然是消极的，他无法排解从小就接受的、在他的头脑中已经根深蒂固的"修身、齐家、治国、平天下"的儒家思想与永贞革新失败之后的现实之间的矛盾。他也身受官场上尔虞我诈、相互倾轧之害，此时，佛教所崇尚的"空"和"无"以及"不爱官""不争能"的出世态度便与他的内心暗中契合。一次，一个俗姓柳的文郁和尚拜访柳宗元，柳宗元责怪他不以光大柳氏家族为念，不以做官升职为务，文郁和尚在为自己辩解时说自己不愿屈己奔竞官场。这正触到了柳宗元的伤心之处，于是他不但不再讥笑文郁的行为，反而“退而自讥”。可见，正是在仕途上不得志，长期被贬不见重新起用，才使得柳宗元企图从佛学中寻找寄托，并且在同僧人的交往中得到感情上的交流和精神上的安慰。

然而，佛教对于柳宗元而言，只是一个暂时的栖身之地，他有“宁为有闻而死，不为无闻而生”的信念。作为儒家入世精神的实践者，他永远也不可能开“大昏”、化“大拙”，接受“出世间法”，从而成为佛教徒。章士钊先生也说：“子厚（柳宗元字子厚）自幼好佛，并不等于信佛。求其道三十年而未得，自不足言信仰。”这是比较中肯的。他阅读佛经，涉足佛学，也仅仅是将佛学看作诸子百家之一。他认为不仅文章应当广征博引，儒道也应糅和诸子的学说。他不仅看到了佛教的负面作用，同时也从正面看到了佛教维系人性、维系封建统治秩序的社会功能。所以他并非一味服从佛教，而是站在儒家的立场上，用儒家的价值标准和道德准则对佛学进行批判和吸收。他反对利用佛教毁弃人伦、不劳而获的行为，但肯定他们的“律”和“孝”，甚至赞扬他们父子同修；他反对佛教徒不读经书，舍本逐末，却喜欢他们“唯山水为乐”，愿意与他们一起游山玩水。总之，柳宗元是把佛教作为一门学问来研究，但绝非信仰佛教。

在柳宗元第二次被贬的柳州，有一座始建于天授元年（690）的寺院，名叫大云寺。到柳宗元出任柳州刺史时，大云寺已经毁于火灾将近百年，而且旧址上重修了一座巫庙。柳宗元一上任，便下令修复大云寺。后人常常以此作为他信佛的又一证据，甚至指责他劳民伤财，但是人们却忽略了柳宗元修复大云寺的初衷与结果。当时的柳州人非常迷信巫术，有人生病了，不是找大夫看病，而是请巫师占卜，然后以杀牲口甚至是杀亲戚来为生病的人祛除病魔，这种崇尚巫师鬼神的风俗，不仅远离孝悌仁义，还给社会生产发展带来极大的恶劣影响。柳宗元在南方生活了十年，对这种风俗非常了解，深知要移风易俗，不能只用刑和礼，为此他选择了“立佛驱法以佐教化”的对策，因为佛图与巫鬼一样都是一种宗教信仰，都是一种神秘的震慑力，通过立佛教可以达到驱巫术的政治目的。事实上，这一方针的实行，确实使得柳州百姓逐渐摒弃了野蛮落后的巫术，形成了仁爱友善的淳朴民风。在修复大云寺的同时，柳宗元还主持修复了坍塌的孔庙，期待以儒家学说对当地尚未进入当时之文明的群众进行教化。由此也可见，柳宗元并非一味相信只有佛教才有教化的功用，他在当地是儒佛并施。

也有观点并不回避柳宗元和佛教的深厚关系，反而认为柳宗元是理学的先驱者之一，他统合儒释的尝试是理学取佛与排佛并行政策的先声，他在不背离儒学原旨的前提下吸收佛老以及其他学派的思想成果。他主张广采百家之长，统合儒释，援佛入儒，使儒学从体系的开放中得到充实和发展。他主张吸收儒学，目的是为了加强儒学，并不是用佛学代替儒学。柳宗元看准了儒佛合流和援佛入儒的历史趋势，为宋代理学的形成开了先路。

以上各家对柳宗元和佛教关系的认识，差异较大，观点无法统一。但柳宗元和佛教关系较深，接触频繁，这是无法抹掉的事实，看来柳宗元的好佛之谜仍需人们继续探索。

永贞革新之谜

唐贞元二十一年（805），唐德宗驾崩，其子李诵即位，是为唐顺宗。顺宗上台之后，启用亲信王伾、王叔文、刘禹锡、柳宗元等人，试图对积弊深重的朝政进行改革。起初，曾雷厉风行地采取了不少措施，但仅经历了一百八十多天就以惨败告终。这场短暂的改革，史称"永贞革新"，也称"二王八司马"事件。

"安史之乱"以后，唐朝的国势开始走下坡路了，繁华盛世不复存在。唐顺宗的父亲唐德宗并不是一个昏庸之君，他登上皇位后，实行杨炎的两税法，增强了中央政府的经济实力；又注重中央神策军的建设，使中央与地方藩镇的武力保持平衡。但德宗性情急躁，刚愎自用，又善猜忌，还重用宦官，聚敛民众财富，使百姓怨声载道。对德宗晚年的新旧弊政，太子李诵深有体会，而其侍读王叔文、王伾也有革新抱负。

唐顺宗李诵十九岁时被立为太子，做了二十六年的储君。贞元二十一年（805），唐德宗逝世，李诵即位当上了皇帝。尽管他只当了几个月的皇帝就死了，但还是在历史上留下了重要的一笔，因为在他的支持下发动了一场政治革新。史书上对顺宗多有好评，说他在东宫二十余年，经常关心朝政，了解民间疾苦，颇有阅历和抱负。赞他知人善断，曾劝阻德宗用奸佞裴延龄、韦渠牟为相，又曾向德宗进言不宜过分嬉游奢侈等。

王叔文，越州山阴（今浙江绍兴）人。出身寒微，颇知民间疾苦，是庶族文人中的优秀分子，一位有抱负、有活动能力的政治家。他先得到德宗的赏识，把他从苏州司功参军提到朝中任翰林待诏。贞元三年（787），又因善于下棋而被德宗选去太子身边侍读，陪伴太子近二十年。在太子李诵身边，王叔文经常对他讲叙民间疾苦。有一次太子与诸侍读等一起议论宫市害民。李诵说："我正要好好向皇上说这件事。"大家都加以称赞，唯独王叔文一言不发。众人退下后，李诵问王叔文刚才为何不说话，王叔文说："太子的职责是侍奉皇上的饮食和请安，不应过问朝事。皇上在位已久，如果怀疑太子收买人心，你如何解释？"太子深感王叔文很有办事经验和对他的忠心。

王伾，杭州人。以书法见长，为太子侍读，与王叔文二人颇得太子信任。通常讲的"二王八司马"的"二王"即指王伾与王叔文。

与王叔文、王伾一块儿共商国是的还有韦执谊、刘禹锡、柳宗元、韩泰、凌准、韩晔、程异、陈谏等人。此外，还有吕温、李景俭、陆质等，也与革新集团关系密切。

李诵在太极殿即位后，开始名正言顺地行使皇帝权力，进行政治革新。

他上台仅二十五天，就贬京兆尹李实为通州长史。李实是皇族宗室，作恶多端，百姓深受其害。自从任京兆尹，他恶性不改，聚敛财富，又枉杀无辜，百姓对他深恶痛绝。顺宗一上台便将他贬官，使百姓人人拍手称快。两天后，顺宗又在丹凤门上宣布："赦天下，诸色逋负，一切蠲免，常贡之外，悉罢进奉。贞元之末政之为人患者，如宫市、五坊小儿之类，悉罢之。"免除民间欠税和一切杂税，停止地方官对朝廷常贡以外的其他进奉，减轻了人民的负担。革除弊政最有影响力的是整饬宫市和五坊小儿的措施。所谓的"宫市"，是指皇宫的官吏出外采购宫中用物，本来由专设的官吏采办，德宗贞元末改由宦官掌管。宦官或以低价强买，或索性派一批人，叫"白望"，看中什么就白拿强抢。百姓见了他们犹如见了强盗一般。白居易的《卖炭翁》写的就是这种情况。五坊即雕、鹘、鹞、鹰、狗五坊。在五坊服务的差役称"小儿"，均由宦官担任。他们以打猎为名，把捕鸟的网张在老百姓的家门口或水井上，借机敲诈勒索。禁止宫市与五坊小儿，百姓自然拥护叫好。此外，顺宗还放出宫女和女乐九百多人，家人团聚，欢呼万岁。

其次是控制理财权。任命当时的理财名臣杜佑为盐铁转运使，王叔文为副使，免去李锜的盐铁转运使职务。再者是准备剥夺宦官兵权。任命范希朝为左右神策京西诸城镇行营兵马节度使，韩泰为行军司马。但这一着棋，没有落到实处。在任命下达后，执掌神策军实权的大宦官立刻意识到这是"二王"的夺权行动。于是密令神策军将领不得接受范、韩的命令。此外还打算裁抑藩镇。这年，剑南西川节度使韦皋提出要拥有剑南三川，以扩大自己的地盘。王叔文义正词严地拒绝了他的无理要求，还准备将他的心腹刘辟正法。

由于唐顺宗病重不能言语，加上宦官和守旧势力凶狠反扑，使革新最终只经历了短短的六个月便告失败。宦官俱文珍等逼顺宗下制让位给太子李纯。不久顺宗又被迫下制书令太子即位为皇帝，自称为太上皇，改元为永贞。顺宗的退位，意味着永贞革新的彻底结束。

唐宪宗即位后，二王等人纷纷下台。宪宗随即宣布贬王伾为开州司马，王叔文为渝州司马。不久，王伾死于开州，王叔文也于第二年被宪宗赐死。韦执谊被贬为崖州司马，韩泰被贬为虔州司马，韩晔为饶州司马，柳宗元为永州司马，刘禹锡为朗州司马，陈谏为台州司马，凌准为连州司马，程异为郴州司马。至此，因二王而被贬的八人均到地方上任"司马"，故人们将这一事件称为"二王八司马"事件。

对二王八司马事件，一般今人的史书上认为这是一场革新运动。如韩国磐《隋唐五代史纲》认为当时实行的这些措施，打击了方镇割据势力、专横的宦官和守旧复古的大士族大官僚，顺应了历史发展。一些人认为虽然因具体措施刚实施就停止了，还谈不上在打击藩镇上起到很大作用，但确实是减轻了人民的痛苦，使德宗以来的腐朽政局为之一新。

也有人指出从顺宗即位开始实行新政，到顺宗退位，前后共历时六个月。要在这样短的时间里消除种种朝廷积弊、解除民间疾苦，是不可能也是办不到的。这场政治运动触及到了当时社会的弊政，有的取得了一定的收效，但远远还谈不上是一次革新，充其量只能说是一次尝试。有人更进一步说整个事件叫"永贞革新"不妥。王叔文在永贞时期的一些措施是好的，可以叫善政，但不能说是革新，既不能和后来的王安石的新法相提并论，也不能和他的前辈杨炎相比。王叔文实施的一些措施，影响很小，说不上是一场革新。

一些人认为这个事件根本不是革新，二王当政并没有做出什么革新的措置，以罢宫市等弊端的革除来讲，都是贯彻顺宗素来的主张，与二王无关，不能说是二王的革新。也有人认为这个事件究其实是庶族地主对士族地主的斗争。就其政治活动的性质而言，认为王叔文集团的结集和失败，只是唐代统治阶级各个集团内部斗争的体现。

唐顺宗死因之谜

顺宗当上皇帝不久就让位给皇太子，自称是太上皇。此后不久，又莫名其妙地突然死了。死的前一天，宪宗对外宣布顺宗病重，一天后就驾崩了，这使人觉得顺宗的死像演戏一样。有人提出透过一些笔记和诗文看本质，顺宗是被宪宗和宦官们害死的。也有人不同意，认为顺宗是正常病死的，顺宗和宪宗关系融洽，根本没有被宪宗杀害的可能。

唐宪宗元和元年（806）正月十九日，唐顺宗去世。这是一个短命的皇帝，在位仅八个月，为宦官俱文珍所迫退位，传位给太子李纯，自称太上皇，死时仅四十六岁。

唐顺宗的死因，根据《旧唐书》《资治通鉴》等书的记载是病死的，长期以来人们没有怀疑。二十世纪六十年代，史学界经过对正史和笔记小说的研究，在这个问题上有了突破，有相当一部分人认为顺宗是被杀而死的。

卞孝萱先生在其《刘禹锡年谱》一书中首先提出了顺宗被杀的观点。他认为顺宗死得太突然，是一个历史上的疑案。此后他在《刘禹锡年谱》《刘禹锡评传》等书中重申了他的观点。

卞孝萱先生认为唐顺宗李诵是唐德宗的长子，在被立为太子后，德宗还曾想要废掉他，其原因是德宗身边的宦官们想立舒王李谊。贞元二十一年（805），德宗病，想与李诵见一面而不可能。这时的德宗还没有病重到卧床不起的程度，却受到了宦官和在身旁侍医药的舒王的阻挠。德宗升天后，宦官们认为"东宫疾恙方甚"，"内中商量，所立未定"。大臣卫次公马上发表自己看法："皇太子虽有病，但他是嫡长子，内外系心。如果实在不得已，就立皇太孙广陵王。"其他大臣跟着呼应，宦官们的阴谋就只能作罢。顺宗即位后，曾经采取了一系列抑制宦官势力的措施，使宦官们对他恨之入骨，他们遂决定废顺宗、另立皇帝。由于前两次废立未成，舒王李谊不是德宗的亲生儿子，名分不正，遭到反对，这次宦官们选定了李淳。他们在805年三月立李淳为太子，改名纯，七月让他主理军国政事，八月李纯即位为皇帝，顺宗为太上皇。表面上看，立李纯是顺宗的旨意，实际上是宦官逼迫顺宗这样做的。当时起了最大作用的几个宦官是刘光奇、俱文珍、薛盈珍、西门大夫等。

顺宗让位不久，就发生了一件骇人听闻的怪事。有个叫罗令则的山人，"妄构异说，凡数百言，皆废立之事"。被有关官员鞫得奸状后，宪宗将罗令则一伙全部杖死。罗令则等人想拥立的皇帝从史书记载来看，是舒王李谊。宪宗上台后，李谊实际上成了宪宗和宦官们政治上的赘疣。现今有人拿李谊作号召，兴风作浪，正好被宪宗借机拔掉。这时的太上皇也同样是政治上的赘疣，舒王不明不白死后，太上皇就不能平安无事了。元和元年（806）春正月癸未，"诏以太上皇旧恙愈和，亲侍药膳"。但至甲申，太上皇就崩于兴庆宫，"迁殡于太极殿，发丧"。宪宗向全国公布太上皇的病情，这在唐朝历史上是罕见的。癸未才公布太上皇病情，甲申就宣告太上皇死了，简直是在演戏一般。推测太上皇不是死于甲申，而是死于癸未。宪宗与宦官们秘丧一日，故意先公布太上皇病情，以此来掩盖太上皇被害的真相。抢先公布太上皇病情的做法是欲盖弥彰，恰恰暴露出宪宗和宦官们做贼心虚，暴露出太上皇之死十分可疑。

李谅（字复言）是王叔文政治革新集团成员，顺宗时为度支巡官、左拾遗，宪宗时被贬为澄城县令，后为彭城令。他有部小说叫《续幽怪录》，内中有一篇为《辛公平上仙》，里面的人名皆系假托，如辛公平为心公平，皆有寓意。在这部小说中，李复言用"传奇"表达了顺宗被杀的隐事，以抒其悲愤。他得知了顺宗被宦官杀害的真相，作为永贞革新的参与者，他义不容辞地记载了顺宗被害的隐事。

这个新颖的观点得到了很多人的认同。章士钊在《柳文指要》中大为赞赏，说："顺宗绝对出于幽崩。宪宗当时受制于群奄，已欲不为商臣，亦不可得。此事公文书内，绝无遗迹可查。李复言之《续幽怪录》成为绝可信赖之孤证。"他认为不管杀顺宗的是谁，其主谋其实就是宪宗，因此他认为顺宗被杀是"永贞逆案"。

吴汝煜不但赞同上述观点，而且认为宪宗和顺宗早就不和，宫廷斗争的残酷性及李氏父子之间本来就不融洽的关系，决定了宪宗杀顺宗是有可能的。此外，刘禹锡的《武陵书怀五十韵》的小序中，引用了《义陵记》的"项籍杀义帝于郴"和"今吾王何罪乃见杀"等，不过是借端托寓，影射顺宗被杀。刘禹锡抑制不住悲痛的感情，在诗的结尾透露了消息："南合无灞岸，旦夕上高原。"上句从王粲的《七哀诗》"南登灞陵岸，回首望长安"化出，暗示"望长安"之意，下句用《汉书·苏武传》的一个典故："苏武听说汉武帝死了，南向号哭，呕血，一连数月都是如此。"这里暗指刘禹锡自己悲悼顺宗的心情与苏武哭临汉武帝相同。可以这样说，《武陵书怀》是一篇比《续幽怪录》中《辛公平上仙》更为直接地反映了顺宗被杀事件的重要史料。刘禹锡是这一宫廷内幕的最早揭露者。

上述观点受到了一些人的质疑。张铁夫认为《辛公平上仙》不是王叔文集团的李复言所撰。他认为《续幽怪录》一书中，编者一会儿自称李生，一会儿又自称是复言。按照古人名卑字尊的传统，称人用字，以示尊崇；称己用名，以示谦卑。自称李生、复言，都是表示谦卑的意思。可见复言是李生的名，而不是他的字。《续幽怪录》的编者李复言，与王叔文集团的李谅，是名、字不同的两个人。从编者的本意来看，《辛公平上仙》不是影射顺宗被杀。在《续幽怪录》中，记述的都是一些关于神仙道术、因果报应、宿命前定的奇事异闻，其来源都是道听途说、捕风捉影的，根本不值一谈，编者主要用来宣传善恶报应、安分知命的思想，从而又具有一种惩恶劝善、警戒世人、辅佐教化的思想倾向和社会作用。《辛公平上仙》的本意，也是用来箴劝、警戒的，而非比喻和影射。

《武陵书怀》的结尾二韵是："就日秦京远，临风楚奏烦。南登无灞岸，旦夕上高原。"意为：心向君王却离京师遥远，对风兴感逐臣的奏书言烦。欲望长安却无灞陵岸可登，早晚只好踏上这平原的高处了。这二韵是一个整体，结合起来看，它表达的是元和大赦之后，刘禹锡对宪宗皇帝的殷切期望能移京郊为官的迫切心情。根据这首诗得出顺宗被杀的结论，一个明显和重要的失误是忽略了该诗以二韵为一个小节，表达一个完整意思这个基本事实，而将二韵割裂开来，遂望文生义，别出心裁。诗的小序中提到"项籍杀义帝于郴"，义帝影射的不是顺宗而是王叔文。因为义帝之出身、立用、被逐乃至被杀害，与王叔文事类同。更重要的一点是义帝属无罪被杀，王叔文也是无罪被杀。王叔文于刘禹锡有知遇提拔之恩，对他的无罪被杀，刘禹锡自然是极其沉痛和悲愤的。这种心情，表现在诗篇中，便是为王叔文和自己鸣冤叫屈。从"继明悬日月"等来看，顺宗当时还活着，由于刘禹锡在武陵，听到顺宗死的消息应该更晚。既然顺宗当时还活着，将《书怀》作为顺宗被杀的证据，是讲不通的。

持这种观点者认为，当时宫廷斗争的结局，不是宪宗杀害了顺宗，而是宪宗和顺宗联合驱逐和杀害了

刘禹锡

王叔文。改革中，由于王叔文集团竭力阻挠宦官俱文珍立太子的做法，让原本站在王叔文背后的顺宗站到了皇太子一边。这时的顺宗与皇太子的关系是志同道合、融洽无间的。而二王由于反对立太子，顺宗开始对他们不信任和疏远，改革的败端也就出现了。改革的过程中，王叔文张扬威福，独断专行，树植党羽，排斥异己，引起了朝廷内外的强烈反对，也导致了顺宗的厌恶和不满，终于命令宪宗"俾远不仁之害"，将其逐出朝廷，置于死地。顺宗是坚定、明确地站在皇太子一边的，宪宗对顺宗也是爱敬双奉、忠孝两全的。说顺宗被宪宗逼宫，最后被害死，既无客观上的可能，更无主观上的必要，是没有事实根据的。顺宗被杀说者将王叔文集团和皇太子集团的斗争误认为是顺宗与宪宗的斗争，是混淆了两件不同甚至相反的历史事实。柳宗元和刘禹锡都有诗文批评顺宗和宪宗，这也从反面说明宪宗和顺宗是志同道合、关系融洽、没有隔阂的。

顺宗到底是怎么死的？为什么他死得这样突然？如果根据史书上说他是病死的，这多少是会让人产生怀疑的。但如果说他是被杀死的，也有一些事实解释不通。看来顺宗的死因仍是一个难以解开的谜案。

元稹变节之谜

元稹、张籍、王建，都是白居易志同道合的诗友、新乐府运动的中坚，同时也都是杜甫的推崇者、继承者。元稹与白居易齐名，人称"元白"，他们的文学观点完全一致。可惜的是，后人对元稹的人格颇多诟病，故而损害了他的人格形象。

元稹，字微之，河南（府治今河南洛阳）人。家庭贫困，刻苦自学。贞元年间举进士第。唐宪宗元和年间，他任左拾遗、监察御史等职，对权贵、藩镇的不法行为进行过多次弹劾。穆宗时期曾做过宰相，后历任同州、越州刺史兼浙东观察使，武昌军节度使，以暴疾卒于武昌，时年五十三岁。元稹在文学方面的成就，与白居易相同，在当时的文学革新运动中具有突出的进步作用。

著名的文学、史学大师陈寅恪先生在《元白诗笺证稿》中对元稹的诗文评价颇高，认为元稹是绝世才士，但对元稹的为人颇有微词，指出"人品虽不足取，而文采有足多者焉"。他认为元稹是"工于投机取巧"，在情感问题上没有道德。陈先生说："微之之贬江陵，实由忤触权贵阉宦。及其沦谪既久，忽尔变节，乃竟干谒近幸，致身通显。则其仕宦，亦与婚姻同一无节操之守。惟窥时趋势，以取利自肥耳。"陈先生又说："故观微之一生仕宦之始末，适与其婚姻之关系正复符同。南北朝唐代之社会，以仕婚二事衡量人物。其是非虽可不置论，但今日吾侪取此二事以评定当日士大夫之操守品格，则贤不肖巧拙分别，固极了然也。"

这样一来提出了一个问题，我们见到的元稹在前期敢于上书论政，指斥弊政，在后期是否投靠了权贵而换得几个高的职务？的确在唐穆宗时期，元稹官为中书舍人，翰林承旨学士。后为裴度弹劾与宦官魏宏简结交，罢承旨学士之职，官工部侍郎。次年，裴度与元稹先后为相，两人政见不同，后同时罢相，元稹出为同州刺史。至唐文宗时他又被调回中央，为尚书省左丞，身居要职。后又受

元 稹

到排挤，出为武昌军节度使。人们不禁要问，元稹的这些高官职务，是否为变节后得来的？

著名的文史学家卞孝萱先生在《元稹"变节"真相》（载《华中师院学报》1979年第四期）一文中专门就元稹的"变节"进行了研究，对陈寅恪说的"变节"进一步作了阐述。早年元稹中明经和制举，得到了考官裴垍的赏识。由于他对权贵、藩镇、宦官的不法行为进行过多次弹劾，使当时已升任宰相的裴垍对他十分信任。裴垍的亲信裴度等人曾因上书受到他人陷害，元稹支持他们，并向皇帝讲清事情的原委，虽被贬官，而元稹自己并没有懊丧。不久裴垍提拔他为监察御史。元和五年（810），元稹因与宦官的矛盾再次被贬，为江陵府士曹参军。他在诗中说："惨舒在方寸，宠辱将何惊……此意久已定，谁能苟求荣。所以官甚小，朝野已势倾。"他对自己的行为感到很自豪，对自己被贬官不感到悲观，因为他相信裴垍会对自己进行提拔的。

事不凑巧，第二年裴垍病卒，元稹在朝廷中的依靠没有了，他原来的酣歌之气没有了，变得忧愁起来。他在《感梦》诗中表达出了自己的这种心态："前时予掾荆，公在期复起。自从裴公无，吾道甘已矣。"这首诗成了元稹变节的自供状。严绶和宦官的关系很好，任江陵尹和荆南节度使后，成了元稹的直接领导，元稹和宦官的关系本就不好，元稹的好友白居易对元稹十分担心。不料严绶到任后，并没有对元稹报复，相反两人关系相处很好，对元稹恩顾有加，这说明元稹巴结严绶成功了。元和九年（814），严绶、崔潭峻奉命讨伐对抗朝廷的淮西节度使吴元济，他们把元稹也带了去。元稹《葬安氏志》中说："适予与信友约为浙行，不敢私废。"既然称"不敢私废"，即证明"浙行"是公事，"浙行"即山南东道之行。"信友"指宦官崔潭峻。元稹知道交结宦官是丑事，于是就煞费苦心地想出"信友"一词来，然而欲盖弥彰。此后，元稹又依附宦官崔潭峻、魏弘简，竟然荣登大位，官至宰相。

也有人持不同看法，认为根本不存在元稹变节的行为，应该清除泼在元稹身上的污水，并给予较为公允的评价，还元稹以历史的本来面目。

持这种观点者指出，《感梦》诗是不是元稹变节的"自供状"，关键的问题是如何理解《感梦》诗的意思。依照诗的内容，它可分为：梦前述情、夜梦裴垍、梦后忆梦、向僧述梦、因梦忆旧和感梦抒情六个部分。在最后一部分，诗

人发出了"前时予掾荆"等四句的感叹，意思是：我以前被贬谪江陵，因为有裴相公在朝，随时寻找机会为自己分辩，所以自己还有"复起"，即再任要职的希望。自从裴相公谢世，自己一贬再贬，再也无人为自己讲公道话，景况已不同于裴相公在世时，我只有"终老于穷贱"了。接着诗人又对白居易表示同情云："白生道亦孤，谗谤销骨髓。"诗中所言"道"字，显然是指元、白的仕途，不应解释为"道路"，否则"白生道亦孤"便不好解释，总不会认为白居易也有变节之嫌吧。诗人最后表示："为师陈苦言，挥涕满十指。未死终报恩，师听此男子！"当是在回忆裴氏谢世后自己和白氏仕途的坎坷、宦场的艰难，表示要继承裴氏未竟的事业，坚持原先的斗争。

为弄清元稹是否变节，首先要考察裴垍卒后元稹的立场有无变化，《感梦》诗写作前后元稹的言行是否一致。裴垍卒后，元稹对其仍是感恩戴德，念念不忘。元和九年年底，政敌不让元稹有平叛立功的机会，突然将其调离淮西前线，令其西归长安，途中元稹有诗怀念裴垍《西归绝句》，十年（817）三月，元稹贬为通州司马，六月，染病危重，不得不于十月北上兴元求医问病，途中又有《感梦》诗，盛赞裴垍对自己的关怀和支持，并向他人称颂了他的功德。元和十三年（818），元稹在《上门下裴相公书》中，再一次提到裴垍对自己和其他直臣义士的奖掖和提拔，并希望宰相裴度效法。不仅如此，元稹还一直与裴垍的亲党保持着密切的联系。这说明了元稹对已故裴垍的态度并未改变。

裴垍谢世，元稹失去了有力的支持，处境确实很困难，但他斗争的决心仍然是很旺盛，其诗云"半夜雄嘶心不死""为言腰折气冲天""此生如未死，未拟变平生"，可见一斑。其时，元稹位低职卑，政治上难于有所作为，他抱着"达则济亿兆，穷则济毫厘"的态度，尽自己所能，做一些力所能及的好事：如在当阳县以同情"囚犯"的态度处理案件；荆南少数民族骚动，元稹建议和平安抚；淮西吴元济叛乱，元稹积极参加平叛等。被贬官期间，元稹只能将"全盛之气，注射语言"。他编集了自己的包括新题乐府诗在内的诗集，还第一个站出来对杜甫反映现实、抨击社会的诗歌作了高度评价；在兴元与刘猛、李馀一起从事新乐府运动，写出了《乐府古题》等一大批抨击丑恶现实的诗歌。从中可见，诗人内心仍然同情百姓的苦难，愤恨权贵的跋扈，不过表达方式不同罢了。

与前期相比，贬职期间元稹确实没有惩办过违制的权贵，这是无权使然。但后期的元稹，实权在握，恢复了前期的锐气，如在同州均田平赋、在浙东罢进海味，在尚书左丞任"振举纪纲，出郎官颇乖公议者七人"。这些都是众所周知的事实。可以看出，元稹在贬职期间因政治地位下降，其斗争方式也必然有所改变，但他斗争立场未改，政治气节未变，以斗争方式的变化为依据断定元稹变节是不妥的。

其次，荆南节度使府与不申户口、不纳赋税而养兵四守、谋拒王命的河阳、镇冀、淮西等地方割据势力完全不同，严绶是朝廷的派出官员，他与使职世代相袭的藩镇头目也不一样。淮西叛乱时，严绶曾参与平叛之战；荆南六州少数民族骚乱时，严绶也设法和平绥乱。因此所谓元稹巴结藩镇严绶的实在含义，至多也只是元稹巴结上司严绶而已，此乃封建社会中司空见惯之事，恐怕是不能用来作为元稹变节的证据的。

平叛淮西时，元稹曾代严绶撰写过三篇书表文告，指责吴元济"丧父礼亏，干君志愎"，"擅胁仕徒，偷侵县道"，指出叛乱给百姓带来无穷灾难，"百姓日蹙，赋敛月如，天兵四临，耕织尽废。窃闻壮者劫而为兵，老弱妻孥吞声于道路"，劝谕淮西将士争取"自新之路"，警告吴元济放弃"非望之志"。可见，元稹对真正的藩镇——地方割据势力的立场是正确的，态度也是鲜明的。

严绶之所以没有打击元稹，可能还因为过去打击元稹的宦官集团是以吐突承璀为首的，与严绶当时的监军使崔潭峻不是一派，更与严绶本人无关。在宦官、朝臣均分党结的情况下，严绶没有必要打击一个与其素无冲突，且又能效力奔走的下属。而"恩顾偏厚"四字，是严绶卒后，其子为请求元稹为其父撰写行状，以向朝廷请求诏赠而说的套近乎的话，对它看得过真是完全没必要的。事实上，当元稹被迫离开平叛前线的时候，严绶与崔潭峻显然都没有为元稹说话，故元稹后来有诗云："剧敌徒相轧，羸师亦自媒。"可见元稹与严绶、崔潭峻的关系只是一般的上下属关系。

再次，若是曲解了元稹《葬安氏志》的原意，自然是不见其真意的。其文云："予稚男荆母曰安氏……近岁因婴疾，秋方绵痼。适予与信友约为浙行，不敢私废。及还，果不克见。"说的是元稹事先与"信友"——诚实不欺、严守信用的朋友有约，至期安氏重病在身，本不应离她而去，但因事先约好，不能单方面毁约，只好如期赴约，故称"不敢私废"。但等"浙行"返回，安氏已经病故。志文所记，正是这种追悔莫及之情。崔潭峻当时是内常侍，官品与内侍省的副职相当。外出为监军使，更是威赫无比，是代表皇帝监视节度使行使军政大权的，实际职权远在节度使上，元稹时为"有罪遣弃"的青衫从事，品位低贱的小吏，怎会在自己的文章中，随便称与品位悬殊的崔潭峻为"信友"呢？

另外，元稹在江陵任职前后，曾三次遭到有宦官参与的诬陷与打击，因此而外贬长达十年。而崔潭峻此后一直是宦官集团"元和逆党"的重要成员，完全能够护救元稹，但崔潭峻却听任同党诬陷和打击元稹，坐视不理，这说明元稹与崔氏关系极为一般，不能算"信友"，也谈不上"依附"。

参加淮西平叛在当时是一件无上光荣的事，元稹完全没有必要把它掩饰起来，说成是与"信友"约为"浙行"。从元稹的诗作中可见，元稹为自己能参加淮西平叛感到非常荣幸。如《酬东南行诗》云："重喜登贤苑，方欣佐伍符。判身入矛戟，轻敌比锱铢。"正因为如此，元稹后来还把《为严司空谢诏讨使表》等三篇书表文告编入自己的诗文集子中，以留传后世。元稹也没有把自己与严绶、崔潭峻的一般来往看成是依附或是丑事。

持这种观点者强调，"淅行"说和"信友"说恐怕并不能作为元稹"变节"、"依附宦官"的证据。

元稹"变节"的个中缘由，看来尚待文史学家们深入探讨才能彻底解决。

元稹与薛涛关系之谜

元稹，与白居易齐名的中唐著名诗人；薛涛，中唐最杰出的女诗人，两人常有诗文唱酬，因此关于两人的风流韵事就成为耸人听闻的话题，有关的笔记诗话绘声绘色、煞有介事地传扬着元、薛的燕昵私会及其诗歌酬唱。那么两人的关系到底是怎样的？

中唐女诗人中以薛涛最为著名。薛涛，字洪度，本是长安良家女，其父因官寓蜀，早卒。母孀居，家贫，沦落为官中乐伎。贞元五年（789），薛涛因事被罚赴边城松州，献《罚赴边有怀上韦令公二首》获释。归成都后，即脱离乐籍，居浣花溪。现在成都还有薛涛井、吟诗楼等遗迹。薛涛通晓音律，工于诗词，与诗人元稹、白居易、张籍、王建、刘禹锡、杜牧等都有唱和。王建《寄蜀中薛涛校书》对她有"万里桥边女校书，枇杷花里闭门居。扫眉才子知多少，管领春风总不知"的称誉。武元衡镇守蜀地时，薛涛曾经奏请授为校书郎，未授职。

薛涛在中晚唐诗界有很高的地位。晚唐张为《诗人主客图》将中晚唐诗人分立六主，其下是客。白居易是广大教化主，孟云卿是高古奥逸主，李益是清奇雅正主，孟郊是清奇古僻主，鲍容是博解宏拔主，武元衡是瑰奇美丽主。其中，清奇雅正之上入室为苏郁，入室为刘畋、僧清塞、卢林、于鹄、杨洵美、张籍、杨巨源、杨敬之、僧无可、姚合，升堂为方干、马戴、任藩、贾岛、厉元、项斯、薛涛。薛涛得与方干、贾岛等并列，且《诗人主客图》中所取女诗人仅薛涛一人，可见她在中晚唐诗坛地位之高。今日流传的薛涛诗多五、七言绝句，篇章短小而情致俊逸清丽。

由于薛涛是个女诗人，名声才学令人叹服，后人总爱把目光集中在她身上。关于元稹和薛涛的关系，也是人们关注的一个话题。的确，后人很想知道元稹和薛涛的关系究为如何，元稹的人格道德是否很有问题，是否是一个朝三暮四、见异思迁、忘义负情的人。

最早记录元、薛韵事的是唐末范摅《云溪友议》的"艳阳词"条："安人（仁）元相国应制

薛 涛

科之选，历天禄畿尉，则闻西蜀乐籍有薛涛者，能篇咏，饶词辩，常悄悒于怀抱也。及为监察，求使剑门，以御史推鞫，难得见焉。及就除拾遗，府公严司空绶知微之之欲，每遣薛氏往焉。临途诀别，不敢挈行。洎登翰林，以诗寄曰：'锦江滑腻蛾眉秀，化出文君与薛涛。言语巧偷鹦鹉舌，文章分得凤凰毛。纷纷词客皆停笔，个个君侯欲梦刀。别后相思隔烟水，菖蒲花发五云高。'"还云："（元稹）乃廉问浙东，别涛已逾十载。方拟驰使往蜀取涛，乃有俳优周季南、季崇及妻刘采春自淮甸而来，善弄陆参军，歌声彻云。篇韵虽不及涛，容华莫之比也，元公似忘薛涛，而赠采春诗……"其后，列代诸多文人笔记都认为这段记载十分重要，如宋代有功《唐诗纪事》等，均沿袭此说。

当代的很多著作，如谭正璧《中国女性文学史话》、张蓬舟《薛涛诗笺》以及苏者聪《论元稹与薛涛》文等都以这则资料为根据加以演绎，并且更广泛地收录一些著作中关于元、薛的种种艳闻。针对一些人认为《云溪友议》的记载是不可信的故事传说，苏者聪进行了反驳。他说即使是流传下来的小说也不能一概否定，虽然其中杜撰之事屡见不鲜，但小说家亦有可能补正史之疏漏、记逸事之长处，如果没有足够的证据，就将小说笔记全盘否定，是不足以服人心的。

不同意上述观点者认为这段资料存在着明显的疏漏，提出元和四年（809）三月七月，严绶究竟到过成都还未可知。《新唐书》对严绶元和四年之事没有记载，但《旧唐书·严绶传》记载道："四年，入拜尚书右仆射。"乍一看，元和四年严绶已经入朝，不在成都，未有撮合元、薛的可能。但细加斟酌，可知这条记载十分笼统。如果严绶在元和四年三月至七月间确实到过成都，七月以后入朝，亦可记载为"元和四年，入朝"。因此，据此不能断定严绶在元和四年没有到过成都。

有人认为笔记小说中关于元稹和薛涛的艳事纯粹是子虚乌有的事情。

他们认为要探讨元稹、薛涛是否有艳情，首先要证实两人是否有见面的可能，这就需要更多事实佐证。元和四年三月，元稹以监察御史身份出使东川，而薛涛自长安流落蜀中，沦为歌伎，出入幕府，"历事十一镇"，自韦皋镇蜀五六十年间一直住在西川成都府，"侨止百花潭"、"居碧鸡坊"。东川、西川虽为地邻，但相隔数百里，来往很不方便；两川虽属一道，但当时却分属不同的节度使管辖，往来也应事出有因。元稹当时只是一个八品监察御史，有何神通能召已入乐籍且正受邻郡节度使宠爱的名伎前来入侍？薛涛和元稹此前从未谋面，又怎能无缘无故地从西川赶到东川，与元稹"相距数月，形同夫妇"？

有学者提出，元稹在东川查案之后，有时间绕道成都一游，东川的节度使署设在梓州，距离成都仅仅两三天的路程，绕道成都去看望一下武元衡等朋友，因而元稹可能遇上薛涛。然而，仔细查看便知，元稹这次出使东川，行色匆匆。长安梓州间隔一千八百里，元稹三月七日从长安出发，据《三梦记》云元稹三月二十一日才到达梁州，时经半月而路程仅一半，其到达东川首府梓州约在三月底。不久他又"身骑骢马峨眉下"，再跋涉五百多里，前往泸州查处任敬仲；逗留梓州期间，又查察了严励及其属下十二州刺史的种种不法行为；返京途中，元稹又在山南西道查办洋、利等三州于两税外加配驿草案，总共查清了两节度使并其属下实十五州刺史违诏加赋和其他贪赃罪行。五六月间，元稹已经回到长安，除去他在山南西道逗留的时日，元稹在东川启程返京当在四月中旬。如再除去他在泸州审案及往返的时日，可以推测，他在梓州停留的时间未满月。

梓州距离成都三百三十里，以一驿三十里，一天四驿的速度计算，再加上元稹在成都府看望武元衡及与薛涛相识相交燕昵私会的时间，至少在二十天左右。如照元、薛可能相会的说法，"相聚数月"，那时间就更长了。如此，在元稹梓州仅停留不到一月的日程表上实难安排。故所谓绕道成都之说，在时间并无可能。况且，当时武元衡贵为宰相，而元稹仅仅是一名普通的监察御史，两人地位相差悬殊，不可能有什么来往。无论是公务还是私情，元稹都没有理由绕道成都，迟缓返京。

张蓬舟先生在《薛涛诗笺》中谈到："元和四年三月，元稹为东川监察御史，慕涛欲见。司空严绶潜知稹意，遣涛往侍，涛至梓州晤稹。"按照他的观点，元稹和薛涛结识，与严绶有很大关系。

反对者认为这件事是说不通的。考察《唐方镇表》，就可知道韦皋自贞元元年（785）六月领职剑南西川至永贞元年（805）卒于任所，一直兼任成都尹之职。而并无严绶辅佐韦皋的史料。严绶仅在元和元年（806）派部将李光颜平叛西川，但他自己并未前往西川，故而也不可能与薛涛相识。何况，此时严绶也并未与元稹相识。元、严相识在元和六年（811），时严绶自河东节度使转任荆南节度使，成为江陵士曹参军元稹的顶头上司，两人才开始有来往。元稹《严绶墓志》也已言明："其所行事，由荆而下，皆所经见。由荆而上，莫非传信。"

另外，一些学者认为弄清薛涛的生卒年月也是一个关键问题。薛涛的年龄，向无定说。最早见宋陈振孙《直斋书录解题》，说薛涛"得年最长，至近八十"。明人钟惺《明媛诗归》说薛涛享年七十五岁。张蓬舟先生的《薛涛诗笺》力主薛涛享年六十三岁，他的理由是："薛涛生年中关系最大之事，为笄及笄时，韦皋镇蜀，召令侍酒赋诗，遂入乐籍。《礼记·内则》云：'十有五年而笄。'此指女子已可许嫁之年。韦皋镇蜀。起自贞元元年，时涛十六岁，逾及笄仅一年，由此可倒推，生年乃在大历五年，若更大于此，则去及笄之年逾远，若谓'至近八十'，是必生于盛唐天宝中，乃至贞元入乐籍时，年近四十；元和四年与元稹相遇，而属意于稹，时稹年三十，而涛已逾六十，有是理耶？"

反对者认为张蓬舟所言元和四年（809）薛涛"属意于稹"之说，有待证明，因为不能以此来推断薛涛的卒年。再次，张说并无确证，纯属推论。薛涛及笄之说，出自元人费著《笺纸谱》，但显然有误解之处。费著《笺纸谱》云："薛涛本长安良家女，父郧，因官寓蜀而卒。母孀，养涛及笄，以诗闻外。又能扫眉涂纷，与士族不侔，客有窃闻与之宴语。时韦中皋镇蜀，召令侍酒赋诗。"据上下文意思，并非薛涛"甫及笄"即由韦皋召令侍酒赋诗，而是薛涛及笄后"以诗闻外"，并为生计所迫，又暗中与客宴语。其后才被韦皋所知，召入幕中。这中间有个不短的过程，说它只有一年，只是张自己的推测。那薛涛到底活了几岁？还是来看《笺纸谱》："大和岁，涛卒，年七十三。"若照此推算，元和四年元稹奉使东川时，薛涛已五十岁了，而元稹仅三十一岁。薛涛比元稹大了整整十九岁，完全可作为元稹的母辈。年龄如此悬殊，在当时他们之间是绝对不会产生男女私情的。

　　学者们还根据两人诗文集中的作品来猜度两人的关系。张蓬舟、苏者聪都认为元稹与薛涛曾经保持了"不清不白的关系"。依据是薛涛的《赠远二首》《谒巫山庙》及元稹《寄赠薛涛》，认为两人之间存在歌诗酬唱。张蓬舟《薛涛诗笺》认为，薛涛的《赠远二首》诉说了薛涛对元稹当时被贬为江陵府士曹参军，虽爱莫能助，情意亦难舍难分。诗歌字里行间表现了两人关系之深，关注之切，是元、薛因缘的确证。

　　反对者批评有关研究者没有很仔细阅读此二诗，因为二诗其实并非一时所作。第一首的"芙蓉新落蜀山秋"，第二首的"春深花落塞前溪"，并非指同一年中。其次，此二诗是否为元稹所作还尚难定论。第三，从诗中所言"戎马事"可推断，薛涛所寄赠诗是给带兵的武夫，而元稹身为江陵士曹参军，其职务是仓曹、户曹一类的辅佐节度使的行政职务，根本与武官沾不上边，更何况诗中也无一言一句涉及元稹。可见，这两首诗歌并不能证明元、薛之间存在着艳情及唱和。

　　元、薛之间到底有没有关系？这个历史之谜看来仍将存在下去。我们既不能忽略笔记小说中的记录，也不能不看到这些记录中的确存在着一些经不起推敲的事实。我们该怎样来解决这些矛盾呢？

白居易修筑西湖白堤之谜

　　杭州西湖著名胜景之一白堤的来历，是一个长期悬而未决的疑案。一方面，白居易曾任杭州刺史，加上白沙堤又名白堤，许多人便想当然地以为，白堤乃白居易所建。那么事实究竟如何呢？

　　杭州西湖著名胜景之一的白堤，多数人认为是白居易在杭州任官时建造的一条人工堤坝。白堤、白公堤的叫法，当然是以白居易的名字命名的，或者说是为了纪念白居易筑堤的功绩。

　　然而，关于白堤的来历，一些人有所怀疑，自清代起，就有许多学者考察了它的来龙去脉。清代著名学者的毛奇龄在《西湖诗话》中曾明确指出："此堤本名白沙，或有时删去沙字单称白堤，而白字恰恰与乐天姓合，遂误称白公堤。"照这个观点，这条白沙堤因为恰好与白居易的姓相同，所以后世牵强附会，误称白公堤。

白居易

再看其他史籍中所记，白居易在长庆年间（821—824）出任杭州刺史时，在任期内确实也筑过一条堤。当时的西湖虽已有旧堤，但堤太低，且年久失修，天旱时，湖水不足，难于灌溉；天大雨，湖水横流，难于蓄存。白居易经过了实地考察与周密调查之后，亲自主持修筑了一条拦湖大堤。在他离任前两个月，即长庆四年（824）三月，这条湖堤终于完工。但这条堤的位置，约在今宝石山东麓向东北延伸至武林门一带，当时人称为"白公堤"。白沙堤与白公堤的关系，《西湖志》作者傅王露曾斩钉截铁地说："白公堤实为白公所筑，与白沙堤绝不相涉。"也就是说，今日的白堤在当时称为白沙堤，后人只是为了纪念白居易，愿意在感情上接受白堤即白公堤的误传。

事实上，第一个对白堤的来历提出质疑的，似乎是白居易本人。白居易在诗作中言："谁开湖寺西南路，草绿裙腰一道斜？"（《杭州春望》）这说明在白居易之前，白堤早已存在，只是来历不明。

记载地方史最为详尽的方志也没给予我们明确的答案。现可见到的关于杭州地区最早也最具规模的方志《咸淳临安志》中，这样记载白堤："孤山路（即白堤），《旧志》云：不知所从始。"这说明，宋人也不知道白堤的来历。故而唐宋以降，虽历来都有人关注白堤，却始终无法解开这个谜。连清代沿革地理巨擘顾祖禹的《读史方舆纪要》中，也只满足于"白居易所筑"之传说。近年出版的许多关于杭州和西湖的著作，对这个问题，大抵仍沿袭旧说，或干脆避而不谈。

有专家指出，这个问题长期无法解决，应该回顾一下过去对白堤来历研究的方法是不是对路。稍加分析，我们便不难看出，从白居易起，历来人们谈到白堤，都是在首先确定它是一条人工堤的前提下考虑问题的。然而，白堤究竟是不是一条人工堤？回答这个问题，首先应该看一看古代关于西湖及其周围地区的地理环境，探索古人筑堤的动机。

近年来，据许多著名地质学家的研究，西湖及其周围地区的形成历史已基本查清。这个风光旖旎的湖泊在很久以前，原是一个三面环山、一面通江的小海湾，后世的湖东闹市区，则是一片汪洋大海。随着江海泥沙的长期封积，海湾才慢慢变成了泻湖；而随着湖东地区成陆过程的进一步发展和水源补给的改变，最终变成一个普通的淡水湖泊。

西湖究竟何时由海湾变成泻湖，又由泻湖变淡水湖，这个问题只能从地质学的眼光加以推测，其具体年代，至今找不到确凿的文字资料加以佐证。《水经注》卷四十记："《钱唐记》曰：防海大塘在县东一里许，郡曹华信议立此塘，以防海水。"华信，乃后汉人。这段记载说明，后汉时，西湖仍是一个随江海潮流出没的潟湖。

汉代以后，由于湖东冲积平原进一步生成发展，西湖逐渐和江海脱离关系。今与白堤相连的湖东北地区，当时就是一个和西湖相通、规模与之相仿的大湖泊，称为下湖（而西湖也曾经相对被称为上湖）。明人记载："汉唐之交，杭州城市未广，东北两隅，皆为斥卤，江水所经。"直到中唐间，杰出的政治家李泌出任杭州刺史时，开了著名的六井，才为湖东地区居民聚落的发展开辟了道路。而占据今城区东北部的下湖，在白居易的时代仍是存在的。

根据白居易的诗句，不难断定白堤若是一条人工堤，必定筑于唐代之前。但那时白堤东头既有下湖阻隔，而整个湖东地区又是一片荒凉，古人为何要花费精力来建造这样一条人工堤呢？

有人认为是为了交通，但有人不同意，认为白堤东头登陆后，前面仍有下湖阻隔，本无路可通；而整个湖东地区当时是一片低洼斥卤之地，无人可通，亦无利可通。白堤的位置实在过分偏于湖北一隅，堤与北岸的距离亦不过几百米，这种情况下，穿行堤上和绕道北岸的路程相差无几，不必为了交通而特地去修一条白堤。此外，杭州的前身钱唐县，在湖西山中，自秦以来，大致是自西向东，沿着钱塘江北岸向今湖东市区迁移的。如白堤两头的古人要建筑一条堤便于交通，大可绕开下湖湖口，直指今湖滨地段。这样做，岂不更加便利？

很多涉及白堤的文章都认为修堤是为了灌溉。近年在《西湖》杂志上刊载的一篇专谈白堤的文章中这样写道："从这条堤的位置紧靠宝石山和孤山，同时又以'沙'字命名上来看，它大概是古代劳动人民，在西湖初形成时，为拦截江湖，蓄水灌田的水利工程。"这种说法初看似乎有一定道理，但若联系历史时期的西湖北岸地理环境，就大可质疑了，因此有人进行了反驳，提出白堤所拦割的北里湖沿岸究竟有多少农田可以灌溉？今日北里湖泊岸，从宝石山嘴到西泠桥，岸线离北山脚阔处不过一百米，狭处仅十数米，且地形向湖倾斜，地面岩石露出，土壤覆盖甚薄。这种地形条件下，这条狭窄的岸滩其盐碱化的程度必然严重，根本无法进行农作物灌溉。

有人提出修白堤是为了蓄水，但这种说法好像也经不起推敲。汉代以前，西湖仍处于潟湖阶段，海潮日进日出，湖水尚未淡化，无从考虑任何灌溉问题。而当西湖生成，湖水淡化时，湖盆早已稳定，一湖之水均可利用，根本不存在筑堤蓄水的问题了。况且，从自然地理眼光看，筑堤分割湖盆的做法，必然会促进湖泊的生物循环，加速其沼泽化过程，导致整个湖泊迅速湮塞。因此，为蓄水筑堤，只能适得其反。

还有人提出更为新鲜的观点，认为修堤是为了游览。但在白居易之前，由于杭州还没有发展成为一个后世号称"东南第一州"的繁华名城，就全国而言，此地并非重镇，湖以城贵，西湖之名一直沉寂，很少见于诗文。历史上第一个把西湖推荐给国人的，似乎还是白居易。自从他写下那些描绘湖上风光的优美诗篇后，西湖之名才不胫而走，蜚声海内。所以，明代田汝成在《西湖游览志》中说，西湖的名声"六朝以前，史籍莫考，虽《水经注》有明圣之号，天竺有灵运之亭，飞来有慧理之塔，孤山有添嘉之桧，然华艳之迹，题咏之篇，寥落莫睹。逮于中唐，而经理渐著。"可知西湖在中唐以前鲜为人知，说唐之前的古人为游览目的而兴建了这条堤，恐怕也不能成立。

由于很难找到古人修筑白堤的动机，那么对于白堤是一条人工堤的说法，就不能不产生极大的疑问了。

有人提出白堤是一条天然沙堤。在远古，西湖的前身是海湾，湾口南通钱塘江，因此江水在湾中的运动方向应是由南向北，即从南面吴山东麓流入，沿西湖南、西、北山脚线作弧线运动，当到达北山脚下时再折回东去，最后从宝石山东头流出。根据水沙运动的一般规律，挟带一定泥沙的水流在其运动过程中，如流速变慢，则必然有一部分泥沙沉积下来。因此当湾流沿北山脚向东流动时，由于孤山岛的阻挡，必然丧失一部分动能；而当水流分股绕行岛体南北两侧时，因摩擦力增大，又导致动能进一步减少，流速相应变慢，泥沙便在这一点上沉积下来。这种沉积又不断把汇合点向前推进，久而久之，在两股水流的汇合面上，沿水流方向便堆积出一条沙堤来。

这样，白堤为何会出现在孤山和宝石山嘴之间，这个我们认为从交通上毫无可取之处的位置便清楚了。因为这是大自然决定的：流入海湾的水流必须从宝石山嘴流出，白堤就必然通向那个方向。此外，在决定白堤的命运中，孤山扮演了举足轻重的角色。若没有这座小岛，就不会有这条白堤；若孤山的位置易地，白堤是否能生成，生成后又是怎样面目，就很难说了。

若这种推测成立，这条白堤的生成年代当在西湖之前，很可能和海湾变成泻湖的过程同步。大自然在营造白堤时，并没有完工，而这一现象，和海湾泻湖化的过程密切相关。因为随着海湾的逐渐封闭，进出海湾的水流也逐渐减少，白堤的生成速度就相应放慢；封闭到一定程度时，湾流已经不能形成，它便完全停工了。

白堤本来的名字叫"白沙堤""沙堤"，在白居易的诗作中写得很清楚："最爱湖东行不足，绿杨荫里白沙堤"，"万株松树青山上，十里沙堤明月中"。从沙堤、白堤、白沙堤，这三个名称来看，都属描述性地名。它们反映的是堤的外表特征（颜色）和组成物质（沙）。由此观之，白堤应该是古人对一条天然沙堤的命名。从地质上来分析，钱塘江所流经的浙西山区和玉泉、两峰涧所流经的湖西山区来看，它们都以沉积岩为主，其中尤以砂岩、石英岩、石灰岩等分布最广，这些岩体的碎屑常呈白、黄白、灰白色，因此，当它们沉积成一道堤时，其色泽特征很是明显。这大概就是白沙堤这个地名的原始来历吧。

不过仍有一部分人继续主张白堤不是自然形成的，而的确是人工堆积的，它的出现年代肯定在西湖形成之后，有可能修筑于隋朝。研究人员在锦桥钻孔，结果发现亚粘土层顶部有一层约四十厘米的褐灰色泥炭层。由于泥炭层只有在沼泽里才能产生，所以西湖应有过沼泽化的现象，时间距今二千五百年至一千四百年，相当于春秋战国至隋朝。由于人工填土是直接覆盖在泥炭层上的，可以知道白堤的形成在西湖形成之后。

秦汉时期西湖尚未形成，至北魏才有一个"金牛湖"名字的出现，西湖初步形成，在白居易的诗文中我们才首次见到白沙堤的名称。因此有人推测白堤形成于南北朝至隋朝这段时间内，很有可能是在隋朝江南运河开凿时形成的。

一条白堤让人心旷神怡，它的来历之谜令人充满了遐想。

李商隐与牛李党争之谜

李商隐是唐朝中后期的杰出诗人。他的诗作以瑰丽含蓄闻名，为了弄清他诗中所包含的真正含义，无数学者都对他的生平进行了深入的研究，在这其中，最为众说纷纭的一个问题，就是他与牛李党争的关系。

关于李商隐和牛李党争的关系问题，从五代和北宋以来，便一直争论不休。有人说他是李党，也有人说他是牛党，还有人说他一生在牛李两党的夹缝中求生存，但是最终受到两党的排挤。新中国成立以后，大多数学者则倾向于说他是牛李党争的无辜牺牲品。不过，不管大家在这个问题上如何争论，有一点是达成共识的，那就是：李商隐卷入党争，是从他在牛党人物令狐楚死后，转入属于李党一派的王茂元幕府并成为其女婿开始的。然而，对于这一点共识，有学者在二十世纪八十年代提出了异议，他们认为，王茂元既不是李党，也不是牛党，他与党争无关，因此，李商隐入王茂元府，也根本不存在卷入党争的问题。

首先，根据两《唐书·李商隐传》中的记载，李商隐早年受到令狐楚的赏识，曾在令狐楚的节度使幕府中做事，并且因为令狐楚的资助才考上了进士。但是令狐楚死后，他又投到了当时为河阳节度使的王茂元的门下。王茂元很欣赏他的才华，提拔他做了掌书记，还把自己的女儿许配给了他。从此，牛党的人就把李商隐恨得要命，认为他忘恩负义，诡薄无行。这是史书中最早的关于李商隐如何卷入党争的说法，后面的史书大多参照这一说法。但是这段史料在时间的记载上，存在错误。比如，它说李商隐做王茂元女婿的时候，是在王茂元镇河阳时，而王茂元为河阳节度使是在武宗会昌三年（843），那时王茂元正受朝廷之命与刘稹作战，不久即死于军中，而李商隐当时也正居母丧，因此，他不可能在这个时候成亲。根据学者的考证，李商隐入王茂元的幕府，应当是在文宗开成三年（838）。

其次，除了新旧《唐书》以外，没有任何一条史料可以说明王茂元是李党。如果仔细地检索一下王茂元生平的材料，就可以看出，从他父亲开始，王家两代担

李商隐

任的都是地方节度使，与中央政局的变动没有什么牵涉。与之相反，王茂元和牛党人物的交往倒是很多。比如开成三年牛党的骨干杨嗣复拜相，时任泾原节度使的王茂元马上送去了一封贺状。又如会昌元年（841），正是李党的头领李德裕当国，作为牛党代表人物的李宗闵此时在洛阳担任闲职，然而就在这个时候，王茂元给李宗闵送去了两封信。在信中，他一方面表达了对李宗闵早年提拔自己的感激之情，另一方面，又对李宗闵在大和末年被贬职一事寄予同情，并且对他表示了真切的慰问。值得一提的是，这两封充满感恩与惋惜之情的信都是由李商隐代为起草的。

再次，新旧《唐书》本传都提到王茂元镇河阳是李德裕亲自提拔的，因此王茂元应当属于李党。其实如果再进一步深入史料就不难发现，李德裕对王茂元的任用乃正常的人事调动，没有什么偏私的地方；而且会昌三年八月，王茂元军为刘稹的部将所败，王茂元也随即病于军中。由于这一战役的失利很影响士气，所以李德裕马上采取了果断措施，命王宰接替王茂元为河阳行营攻讨使，实际上也就是罢了王茂元的军权。

分析完了王茂元之后，学者们又对李商隐一生中另一个重要人物令狐楚进行了一番探究。他们认为，过去的一些历史记载和史学论著，大都把令狐楚说成是牛党，但是其实他的情况比较复杂，不能简单地下论断。综观令狐楚的一生，他早期的确与李逢吉等人交结，与裴度等主张对藩镇用兵的意见相违背，但后来与李德裕等人没有发生过重大的政治分歧，他在后期并没有涉足党争，因此从严格意义上说，并不能把他归为牛党。至于说他与王茂元为政敌，也实在找不出任何史料依据，他的行迹可以说与王茂元没有发生过任何关系。

学者们觉得，如果大家能抛掉王茂元是李党、令狐楚是牛党的成见，重新考查一下李商隐入王茂元幕府后，他与令狐绹等人的关系，就会得出与以往有所不同的看法。

据记载，令狐楚死的时候，李商隐只有二十五岁。那时他刚刚考取进士，朝廷还没有正式授予他什么官职，但是却有一大家子人要靠他养活。这时令狐楚的儿子令狐绹只是一个小小的左拾遗，又因丁父忧免职。在这种情况下，李商隐要取得仕途上的依靠和经济上的资助，只能投靠在某一节度使的门下做一些文字工作。这种现象在唐代社会中是十分常见的，对读书人来说也是很自然的一件事，所以不会受到人们的责难，更不存在背恩忘德的问题。李商隐进入王茂元幕府之后，令狐绹并没有对他加以排斥，相反还在某些实际行动中资助李商隐在仕宦上寻找出路，有保存下来的两封书状为证。如果令狐绹认为李商隐背信弃义，投靠敌党，他是不可能为李商隐到处延誉，使他因此而取得进身之阶的。

通过上述分析，一些人认为，所谓李商隐入王茂元幕，从此就卷入党争，是一种旧说和成见。李商隐真正卷入党争，是从李党失势开始的。

唐朝中期以后，朝廷中的腐朽势力越来越强大。以李德裕为代表的李党一派，在中晚唐时是一个要求改革和有所作为的政治集团。他们与以牛僧孺、李宗闵为首的因循守旧的牛党形成鲜明对立，主张剥夺藩镇和宦官之权，积极革除朝廷的种种弊端，并对当时社会上的一些腐败现象进行整顿。会昌、大中之际是牛李两党间的最后一次搏斗，结果以代表革新势力的李党的失败而告终。就在李党面临无可挽回的失败的情况下，李商隐对他们表示了同情，并用自己的诗文为他们辩诬申冤。

因此，学者们认为，以前学术界对于李商隐的评价还有待商榷，他并不是一个只知道在牛李两党的夹缝中求生存的懦弱文人，事实上，他的行为表现了知识分子所应该具有的明确的是非观念以及倾向进步、追求理想的气概和品质。

甘露之变之谜

唐文宗即位后，深恶宦官专权乱政，乃以李训为宰相，以郑注为凤翔节度使，谋内外结合而除之。大和九年（835），李训和舒元舆等以左金吾仗院内石榴树上夜降甘露为名，试图将宦官一网打尽。

唐文宗是由宦官从十六王宅中迎出而立为皇帝的。文宗的祖父宪宗、哥哥敬宗都是被宦官杀害，其父穆宗也是宦官拥立的。为了"刷君父之仇耻"，文宗决心剪除骄横的宦官。宦官最初是以一种特殊的奴隶身份出现的，但此时的宦官却握有军权，控制禁军，指挥朝政，实力非同小可。而文宗本身是由藩王登上皇位的，既没有东宫之侍者，也很少有心腹重臣。当时的朝官中党争激烈，对去宦毫无兴趣，文宗只有在资历不深的朝官中寻找可靠之人。最先被文宗看中的是孤寒而进的翰林学士宋申锡。于是文宗与宋申锡密谋去除大宦官王守澄，却不料密谋泄露，王守澄等人反诬告宋申锡谋反。宋申锡被贬，死于开州。

第一次去宦虽然失败，但文宗并没有因此灰心，相反，他吸取教训，又开始物色新的人选。这时，李训与郑注便应运而出。

郑注为绛州翼城人，家世微贱，机智善辩，医术高明。行医到徐州，由牙将推荐给节度使李愬。李愬服用郑注的药很有效验，就任用为牙推，后把他推荐给监军宦官王守澄。王守澄为枢密使，就带郑注入京。大和七年（833），文宗患了风疾不能言语，王守澄便推荐已为昭义行军司马的郑注进京为文宗治病，很有效果。由是郑注得宠，被召入长安。李训是世家子弟，李逢吉的侄子，精通经学，中过进士。曾因事流放，后来居住洛阳，认识了郑注。郑注将李训介绍给王守澄，王遂将其推荐给了文宗。由于李训"倜傥尚气，颇工文辞，有口辩，多权数"，文宗"以为奇士，待遇日隆"，任为四门助教。

李训能言善辩，仪表秀伟，为文宗侍讲时，谈及宦官事往往言词很激愤。文宗觉得他可以倚重，就向郑、李吐露心事，李训和郑注遂以清除宦官为己任。两人受文宗重用后，利用牛、李两党的矛盾，将阻碍他们仕途发展的党人全部逐出朝廷。大和八年(834)，李德裕被贬。大和九年，李宗闵被贬。两党的党魁均遭贬逐，其党人也多受牵连。一时间，牛、李两党几乎被逐一空，为李训、郑注的晋升扫平了道路。在职高位重、力量壮大的同时，李、郑二人又充分利用宦官之间的矛盾，把与王守澄不和的左神策军中尉韦元素、枢密使杨承

李愬

和、王践言三个大宦官迁到地方上去为监军。当时人们传说宦官陈弘志是害死宪宗的元凶。李训就为文宗设计，把陈弘志从山南东道监军任上召回，行至青泥驿杖死。不久文宗以郑注为凤翔节度使，以舒元舆为知制诰，李训为礼部侍郎，并都为同平章事。然后又利用与王守澄有矛盾的宦官仇士良，把王守澄除去，改任为左右神策军观军容使、兼十二卫统军，实际上夺去了实权。不久，派宫中使者李好古到王守澄府第中赐毒酒，逼令自杀。至此，去宦行动已取得了一定的胜利。

在此后如何剪除所有宦官的问题上，李训与郑注发生了分歧。郑注本打算利用王守澄出葬浐水，宦官集体送殡的机会，一举歼灭所有宦官。这便是史上所称的"浐水计划"。而李训则密谋"甘露之变"，而且赶在浐水计划之前实行了。

甘露之变发生在唐文宗大和九年十一月二十一日。当日早朝之时，百官群集。左金吾卫大将军韩约奏称金吾左仗院中有甘露夜降石榴树，请皇帝亲往观看。树木之上凝有甘露，本来是极其平常的事。如果是在夏秋之季，确实不是什么稀奇的事。但当时是十一月下旬，地处北方的长安已经十分寒冷，不太可能有甘露。如果偶尔真有甘露降临，就会被看作是大吉大利的兆头。因此，当韩约称甘露降于皇宫之内，百官立即向文宗拜贺，李训、舒元舆请文宗亲观此祥瑞。金吾左仗院在含元殿左前，文宗与百官到了含元殿内，命宰相李训及中书、门下两省官前往核实。李训去金吾左仗院察看后，报告文宗说："恐怕不是真的甘露，不敢轻言。"文宗又命左右神策军中尉仇士良、鱼志弘等宦官再去验看。这时，金吾院中早已设下伏兵，其实是引诱诸宦官到金吾院内，围而杀之。宦官走后，李训急召守在丹凤门外的士兵进宫以备接应，但将军王璠却因害怕而不敢前行。他手下的士兵虽然到了含元殿外，但却吓得不能正常行走到含元殿。而另一支由郭行余统领的接应部队更是连影子也不见。一时间，含元殿内乱成一团。

再看仇士良等诸宦官，由韩约陪同前往金吾院。韩约因紧张过度而面色发白，汗流不止。仇士良正觉奇怪，恰巧一阵风吹过，吹动布幕，露出伏兵。仇士良大惊，率诸宦官连忙退出金吾院，奔回含元殿。守门人想要把殿门关上，

被仇士良一声厉喝，吃了一惊，竟来不及把殿门关上。李训急呼卫士上殿保驾，已经来不及了。宦官对文宗说："事急矣，请陛下还宫！" 即把文宗扶上软舆，准备回宫。李训上前阻止，仇士良大呼："李训造反！"文宗却说李训不是造反。仇士良将李训击倒，李训还是抓住软舆，不放。这时，金吾卫士已到，京兆少尹罗立言率京兆府三百多人从东面来，御史台中丞李孝本率御史台从人两百多人从西面来，三方纵击，宦官死伤十多人。此时，御驾将入宣政门，李训仍抓住软舆阻止宦官把文宗抬进宫。但文宗见大势已去，便呵斥李训放手。御驾进了宣政门，宦官把宫门关上，高呼万岁。百官见文宗落入宦官手中，均知大事不妙，四散而去。李训知道大势已去，就穿上随从小吏的绿色衣服，骑马逃出长安。

不久，宦官调集禁军大杀朝官。李训、郑注、王涯、舒元舆、王璠、郭行余等十七人被杀，其族人也无一幸免，朝中几乎为之一空。文宗也差点被废，此后就纯粹成了宦官手中的傀儡，最后忧郁而死。这便是唐代历史上有名的"甘露之变"。

甘露之变以宦官的胜利而告结束。此后，宦官气焰更为嚣张。"自是天下事皆决于北司，宰相行文书而已。宦官气益盛，迫胁天子，下视宰相，陵暴朝士如草芥。"唐王朝一天一天地衰弱下去。

关于甘露之变，仍有一些问题不很清楚。这到底是一个什么性质的事件呢？

有人认为甘露之变是李训纠集少数私党组织的武力夺权事件，目的在于一网打尽宦官，取得挟持皇帝的权力，实现个人专权，独揽朝政的野心。持这种观点者认为在搞掉王守澄等资历很老、凌忽君主的宦官之后，文宗的目的已经达到，而李训、郑注是欲进一步扩大自己的权力，企图控制朝政，才背着文宗谋划尽诛宦官。

这样的说法，与我们平时在历史书上看到的评价就完全不一样了，所以有很多人不同意这种观点，认为李训等人与文宗志除宦官的思想是一致的。文宗参与了甘露之变的谋划，并在事变中配合了李训等人的行动。甘露之变是一场在文宗首肯下的反宦官斗争。更有人认为，这是文宗为了剪除宦官而由其一手策划的一场宫廷政变。事变之前，文宗考虑周密，而策划者李训、郑注计划详尽。当时文宗深深忧虑于宦官之祸，欲谋诛宦官，但却不敢与外朝宰相谋议。宰相作为中央政权的重要组成部分，本来应该是皇帝依靠的积极力量，但文宗时期的宰相大都不同程度地依附宦官，他们无意反抗宦官，也无胆诛除宦官，其主体已失去了与宦官相抗衡的斗志和锋芒。文宗已清楚地看到了一个事实，那就是他不可能与宰相们共商大计。作为一个还算是有主见的皇帝，李训、郑注作为"孤寒新进之士"的代表人物，被文宗视为合适的人选，加入了这场反宦官的斗争中。

甘露事变之后，由于宦官取得了决定性的胜利，从此宦官气焰更加嚣张，不再信任外朝士大夫，朝官和宦官之间更日益对立，唐王朝走向了崩溃的边缘。

卢仝死因之谜

唐代著名诗人卢仝诗风崇尚奇险，追求不同凡响的效果，是孤傲执拗人格的艺术体现，与时态流俗格格不入。不过这位奇特诗人究竟是死于"甘露之变"，还是因病自然死亡，学术界一直分歧较大，遂成为历史疑案。其中流传最广的，是宋元笔记小说中所谓卢仝"罹甘露之祸"之说。

中唐时期有一批艺术上追求奇怪险僻境界的诗人，其中卢仝是较有代表性的一个。卢仝号玉川子，祖籍范阳（治今河北涿州），"初唐四杰"之一的卢照邻是他的曾祖父。卢仝的诗作，以品格清高、回味隽永为后人所推崇，能"道人之所不道，到人之所不到，趋怪走奇，中病归正"。在追求险怪的艺术风格下，有的诗读来十分流利秀美，如："相思弦断情不断，落花纷纷心欲穿。心欲穿，凭栏杆。相忆柳条绿，相思锦帐寒。直缘感君恩爱一回顾，使我双泪长珊珊。"这首《楼上女儿曲》写的是女儿闺中春愁，清新流丽，柔和妩媚。

这位追求险怪风格的诗人最后是怎样死的呢？

宋元文人笔记中说，卢仝是在唐文宗大和九年（835）的"甘露之变"中被误捕误杀，亦即所谓卢仝之死乃"罹甘露之祸"。而在《新唐书·韩愈传》之后附的卢仝小传中，却并未涉及"甘露之变"说。笔记中的"罹甘露之祸"说，后来为各类当代工具书所传抄，几成定论。但一些专家认为此说疑点颇多，所述故事比较牵强，人们看法不一，这使得卢仝的生卒年代无法确定，成为一个历史疑案。

"甘露之变"发生于唐文宗大和九年十一月。《旧唐书》的《李训传》《王涯传》以及《资治通鉴》卷二百四十五均有记载。事情大致经过是这样的：当时的宦官仇士良专权，宰相李训等与凤翔节度使郑注密谋内外协势，以铲除宦官集团。他们谎称左金吾卫内石榴树上夜有甘露，诱使仇士良等前往观看，一人一到就加以诛杀。因所伏甲兵暴露，遂失败。仇士良率兵捕杀李训、舒元舆、王涯等，郑注也被监军宦官所杀，株连千余人。

据《旧唐书·王涯传》记载，王涯事前并不知情，出事时与同列舒元舆、贾餗归中书省一块儿吃饭，还未下箸，吏报有兵从门口出现，逢人即杀，涯等仓皇逃出。跑到永昌里茶肆时为禁军所擒，在仇士良的严刑拷打下，自诬与训同谋，然后被腰斩弃市。王涯家属全被搜捕处死。王涯的再从弟王沐到王涯处求职暂留，也被抓去，陪涯腰斩。

　　事件过后，王涯的故吏门人李玫作《纂异记》，编撰了受害四相灵魂与白衣叟卢仝灵魂会饮吟诗的神话，用来寄托对四相的哀思，从而也就出现了卢仝"罹难"的说法。

　　"甘露之变"是一场残酷的权势斗争或宫廷政变，卢仝作为一个平民百姓，怎会跑到长安裹入这场斗争中去呢？

　　一些书是这样记述卢仝与事件有牵连的。宋钱易的《南部新书》中有如下记述："仝亦涯客，大和九年十一月二十日夜，偶宿涯馆。明日，左军屠涯家族，随而遭戮。"刘克庄《后村诗话》也说："唐人多传卢仝因留王涯第中，遂预甘露之祸。仝老无发，奄人于脑后加钉焉，以为添丁之谶。"

　　对于卢仝是否卷进这场动乱，最后连命也丢掉了，学术界存在着两种不同的见解。

　　一些人认为卢仝死于"甘露之变"可以"定论"。其理由为：据唐人李玫所撰《纂异记》中编造四丈夫（影射李训等受害四相）与白衣叟（卢仝）的幽魂聚饮吟诗的神话，诗中用西晋石崇与潘岳同刑东市的典故，认定卢仝确实经历"甘露之变"，此故事是卢仝罹难的"第一手最可信据的史料"。而且卢仝与甘露之变有牵连历代资料都有记载，如元辛文房《唐才子传》中说："王涯执政时，常常加怒于下人。当事变发生时，卢仝与诸客在王涯书馆里吃饭，所以就留住了下来。官兵来抓捕他时，卢仝说：'我是卢山人也，与众人没有结怨，我有什么罪啊？'官兵说：'既然是山人，那来到宰相宅，难道还不是罪吗？'卢仝不能自辩，最后同罹甘露之祸。卢仝年老无发，宦官们就在他脑后加了个钉子。卢仝生儿子时给他起了个名字叫添丁，后人认为这是应了谶语。"

　　一些人认为卢仝"罹甘露之祸"说不可信。近年来，关注卢仝的学者对这件公案做了深入探究，潜心阅读了涉及卢仝之死的相关史料与与卢仝有交往的韩愈、贾岛的诗文，发现上面的说法极为牵强，且有很大故事成分在内。通过对诗人作品的分析，考证出卢仝约死于唐宪宗元和八年（813）前后，下距"甘露之变"二十多年，故而卢仝不可能经历"甘露之变"。

　　首先，李玫的《纂异记》不论从写作动机还是虚构情节来看，都称不上"史料"，更谈不上"最可信据"。《纂异记》出笼背景，《南部新书》中是这样记载的："李玫者，早年受王涯恩。及为歙州巡官时，涯败，因私为诗以吊之，末句云：'六合茫茫皆汉土，此身无处哭田横。'乃有人欲告之，因而撰《纂异记》以避祸。"如此，"避祸"是故事的撰写动机。既然为避祸，就只能采取以假乱真的手法，且按情节需要，拉一位很有诗名的早逝者卢仝参与，借他之口吟出"六合茫茫皆汉土"的诗句，以便一旦追究则委责于死鬼。

　　另外，从虚构情节看，《纂异记》在记述众鬼魂会饮时写道："四丈夫皆金紫"（影射受害四相），会饮于喷玉泉，白衣叟玉川先生后至，背诵适间在甘棠馆壁上所见题诗，四丈夫皆掩面失声，继而各吟诗遣怀，吟句中有"珍重昔年金谷友，共来泉际话孤魂"，"白首同归感昔贤"等，最后不欢而散。根据上述诗句，认为这是引用了西晋年间石崇、潘岳同刑东市的典故，这当然无可挑剐。但"金谷园"乃石崇之豪华别墅，所称"金谷友"包括潘岳、王恺之辈，多是当时炙手可热的豪富。石、潘二人后因被仇人孙秀诬陷，在东市处死。倘若据石、潘同刑东市的典故，来影射王涯等受害四相还有些切题，而把一介寒儒卢仝也视为"金谷友"，同享"白首同归"之悼，未免有些牵强。

其次，在新旧《唐书》、《资治通鉴》等史籍中，记述关于"甘露之变"时均未提及卢仝死于罹难，这说明卢仝罹难说没任何史实根据。如果卢仝果真是死于事变之中，后代的史家是不会漏载的。也许有人会说史书不提与政变无关的人物是为正常，那么，王涯从弟王沐因向王涯求职暂留王宅，与政变也毫无关系，但抄家的时候一起收捕杀害，此事载入了《资治通鉴》，而元和年间，知名人士卢仝被害却只字不提，这是不正常的，这倒说明卢仝被害之事并不存在。

再者，卢仝挚友贾岛在《哭卢仝》诗中没有透露卢仝屈死于"甘露之变"。贾岛诗言："贤人无官死，不亲者亦悲。空令古鬼笑，更得新邻比。平生四十年，惟著白布衣。天子未辟召，地府谁来追？长安有交友，托孤遽弃移。冢侧志石短，文字行参差。无钱买松栽，自生蒿草枝。在日赠我文，泪流把读时。从兹加敬重，深藏恐失遗。"若卢仝真是屈死"甘露之变"，这等大事，贾岛绝不可能漏而不悼。

此外，卢仝享年几何是考证其生卒年代、死亡原因的重要因素。按常理讲，贾诗"平生四十年"已讲清楚了卢仝的寿数。再拿卢仝在元和五年（810）前后所写《与马异结交诗》中自述"卢仝四十无往还"，以及此后不久所写《示添丁》中："惭愧癤气却怜我，入我憔悴骨中为生涯"，"气力龙钟头欲白，凭仗添丁莫恼爷"等加以验证，可知卢仝在元和五年前后已呈现出不久人世的可能。诗人写诗，限于格律，把三十七八岁、四十二三岁都写成整数四十，这完全可信。有人认为贾诗中的"平生四十年是指从成年至罹难的四十年"，而不是寿年，从而把卢仝的去世年代硬是延长到"甘露之变"，用来充当"罹祸说"的佐证有欠妥当。

再则，卢仝有临终"托孤"之举，证明他属正常死亡，而非横死。

贾诗中的"托孤遽弃移"句，可知卢仝的儿子还很小。唐宪宗元和六年（811）韩愈曾有《寄卢仝》一诗，内中有句说："去岁生儿名添丁。"可证卢仝的儿子生于元和五年。如果卢仝死于甘露之变，那么添丁已经二十六岁了，早已成家立业，何谈"托孤"？

也许有人会拿刘备托孤孔明时刘禅已十七岁，唐太宗托孤于长孙无忌、褚遂良时高宗已二十二岁的故事，证明贾诗用"托孤"一词，对二十多岁的添丁来说并未背离常理，而这恰恰是典型的背离常理。上述两起托孤事件本身就属非常事件，都以皇帝退位、继主庸碌、当时所处环境复杂等特殊条件作为背景。何况宫廷内部之争情况特别复杂，不宜推论平民百姓之正常托孤。退一步讲，即使卢仝是在添丁二十多岁时的"甘露之变"中遇难，那是场突发事变，当时刀光剑影、尸横遍地，卢仝怎能有未卜先知、向贾岛从容托孤的机会和时间？

可见，卢仝"罹难"托孤之说违背贾诗原意。

此外从卢仝的性格特点来看，他也不可能成为王涯的座上客。

据《旧唐书·王涯传》记述：王涯"贪权固宠，不远邪佞之流"，"性啬，酷好前古名书画，有不可得必百计倾陷取之，逼孤凌弱以积珍奇"。在任盐铁转运使时，"涯榷盐苛急，百姓怨之。及甘露祸起就诛，悉诟之，投以瓦砾，须臾成堆"。王涯这样的为人，作为志怀冰霜的卢仝，怎么可能向他高攀结友，更不可能亲热到"会食、留宿"的地步。

又据《旧唐书·李训传》载，王涯被捕前，正在中书省内政事堂会食，会食者皆为同是宰相的贾𫗧、舒元舆等人，卢仝作为一名白衣寒儒，当然不可能跑到政事堂去参加会食。即使厕身其间，又岂能安于几席？再则，事变发生后，王涯即从宫中仓皇出走，怎么可能还在书馆内聚集诸客会食、留宿，"诸客"又怎能安然在这是非之地逗留？

从这其中的种种矛盾不难发现，宋元时期的文人笔记是以讹传讹，越传越神。如，抓捕卢仝时，因其无发而于脑后加钉，甚至把卢仝在元和五年为儿子起名"添丁"这样一件平常琐事也拉过来作为"脑后加钉"的预兆谶，可谓异想天开。对此事，传述卢仝"脑后加钉"的宋人刘克庄也不以为然，他怀疑这是"好事者为之"，感慨道："仝处士，与人无怨，何为此谤？"由以上论述可知，诗人卢仝是死于疾病，不是什么偶然卷入"甘露之变"而罹难。他的生年应定在773年前后，比韩愈小五岁，比贾岛长六岁，属同辈人。

真真假假，卢仝的死的确不是几句话可以说得清的。

唐武宗灭佛之谜

佛教自东汉传入中土后，一直是蓬蓬勃勃发展着。不过也曾经出现过四次较大的灭佛事件，这就是北魏太武帝灭佛，北周武帝灭佛，唐武宗灭佛，后周世宗灭佛。这四次灭佛事件中，以唐武宗的灭佛影响最大，受到了后人的广泛关注。唐武宗灭佛原因何在？

会昌五年（845）七月，唐武宗下令灭佛，筛汰寺院僧尼。先是拆毁在山野中的寺院，随后下诏长安、洛阳的两街各留二寺，每寺留僧三十人。全国节度使、观察使下的镇地和同、华、商、汝各州留一寺，上等寺留僧二十人、中等寺留僧十人，下等寺留僧五人，勒令其余被沙汰寺院的僧人全部还俗。在沙汰之列的寺院，派御史前去督令限期拆毁，寺产收归官府所有，拆下的木材用来建造官署，铜像钟磬都用来铸钱。至这年八月，武宗宣布全国共拆毁寺院四千六百所，还俗僧尼二十六万人，山野中的小寺庙拆去四万余所，收得良田数千顷，寺院奴婢十五万人。

唐武宗原本也是喜欢佛教的，但即位数年后就对佛教怀有刻骨仇恨，这到底是为什么？

有人认为武宗之所以下令灭佛，主要是与当时的宗教斗争有关。《旧唐书》说："武宗想学神仙方术，拜道士赵归真为师。归真得宠后，每次与武宗谈话，就一直讲佛教的坏话，说佛教不是中国的宗教，只会蠹耗生灵，应该全部铲除。武宗听后觉得很有道理。"佛教传入中国后，一方面和儒家思想常有冲

本尊如来坐像

突，另一方面又和土生土长的道教也矛盾重重。为争取最高统治者的青睐，佛道两家常常进行激烈的辩论，两教的地位也常发生变化。根据这种说法，道教和佛教之间的严重矛盾，道士在武宗面前攻击佛教，促成了武宗灭佛。

从一些材料看，这种说法的确是有一定道理的。由于佛教的教义在理论深度上远远超过道教，因果报应、轮回转世等内容很能够取得人们的信任，因此道教在教义上无法与佛教相争，于是道教就利用政治上的优势排斥佛教。武宗宠幸赵归真后，朝官屡屡进谏，武宗说："我在宫中没有什么事情，常常与他谈玄说道来解除胸中烦闷。"看来赵归真的话对武宗的影响越来越大，武宗灭佛是重用赵归真等道士开始的。他刚做皇帝时就召赵归真等八十一人入禁中，同时进行崇道活动。赵归真一方面挑起了武宗要求长生的愿望，另一方面又不断地排斥佛教，使武宗的崇道思想不断增强。武宗还任命赵归真为右街道门教授先生，使赵老道一下子成了风云人物。连宰相李德裕也看不下去了，对武宗说："听说近来赵归真的家门车马毕集，希望陛下好好警诫他。"因此，持这种观点者认为道教利用政治上的优势排斥佛教，是武宗灭佛的直接原因。

另一种说法认为灭佛事件的发生是朝廷与佛教的经济矛盾所导致的。武宗对全国发布的《拆寺制》中，列举了佛教的一系列罪状，其中最主要的是"蠹耗国风，诱惑人意"，"劳人力于土木之功，夺人利于金宝之饰"。他认为"寺宇招提，莫知纪极，皆云构藻饰，僭拟宫居"，使得"物力凋瘵，风俗浇诈"。自己灭佛的主要目的是"惩千古之蠹源"，以"济人利众"。早在即位前，武宗就曾说过："穷吾天下，佛也。"灭佛的结果，确有比较明显的经济效用，大批僧尼还俗，寺院奴婢编入税户，把寺院钱物收归官府，铜铁佛像铸为钱币与农具等。

灭佛的主要参与者是宰相李德裕，早在敬宗时他在浙西观察使任内，就提出要限制佛教的发展。徐州节度使王智兴在泗州置僧坛，很多江南人北渡落发为僧，李德裕就提出要禁止这种做法。他提出如果不禁止，江南就会损失六十万丁壮的租赋。当时连敬宗这样昏庸的皇帝也看到了佛教在经济上对政府造成的损失，"即日诏徐州罢之"。武宗灭佛后，李德裕对武宗的做法大加称赞，认为武宗"独发英断，破逃亡之数，皆列齐人，收高壤之田，尽归王税。正群生之在惑，返六合之浇风。出前圣之谟，为后王之法。巍巍功德，焕炳图书"。

佛教势力的发展，必然影响政府的财政来源，武宗灭佛是佛教势力日益膨胀的必然结果。武宗之前的皇帝之所以没有灭佛，主要是矛盾的发展还不到最尖锐的程度。

不过也有人对这种说法提出不同的看法，他们认为佛教与朝廷的矛盾有唐一代始终存在，历代反佛的士大夫很多，他们对佛教耗财蠹国的攻击十分猛烈，却从未受到帝王的重视，除武宗外，再也没有一个皇帝废佛，相反崇佛的君主却是一个接着一个。唐武宗灭佛后，对道教极度崇信，曾举行长达一百多天的道场，连续五个月修建宏伟壮丽的仙台，厚赐道士，从经济角度看，唐武宗对佛教有清醒的态度，那么他为什么又马上会沉溺于道教？

一种比较新颖的观点认为唐武宗灭佛的根本原因是唐武宗与唐宣宗之间的权力斗争。宣宗是武宗的叔叔，他当时从宫中逃出之后，隐身于佛门，而武宗的灭佛，其实是为了查杀宣宗，毁灭他的栖身之所。

日僧圆仁在武宗灭佛时恰好在中国，在他的《入唐求法巡礼行记》中有这样一段记载，道士上奏武宗："孔子说云：'李氏十八子昌运方尽，便有黑衣天子理国。'臣等窃惟黑衣者，是僧人也。"圆仁自己猜测说："李氏十八子，为今上第十八代，恐李家运尽，便有黑衣夺位欤？"他认为武宗听到了这段话后，从此"憎嫌僧尼"了。这是一条伪托孔子所说的谶语，是精心炮制出来的。武宗是唐代第十八个皇帝，而且"十八子"与"李"字相合，黑衣是当时僧尼突出的标志。谶语向人们明白预告：唐武宗的祚运就要完结，佛门中将有人要登上天子的宝座。

佛门中的黑衣天子是谁？是武宗的叔叔唐宣宗。唐武宗上台后，对可能构成皇位威胁者进行迫害，唐宣宗被迫出游为僧。武宗初时尚崇钦释教，但在会昌元年（841）六月突然改变了态度，于自己生日棒决入内斋与道士谈经的僧人，这很可能是武宗这时得到了宣宗逃入佛门的消息，从而把佛教视为异己力量。会昌二年（842）、三年（843），武宗屡次下令对寺院僧尼加以勘问盘查，大概是在对不知去向的宣宗进行搜捕追拿。在灭佛过程中，对僧尼进行了残酷的、非理性的迫害与杀戮。武宗灭佛不久，宣宗即位，马上大兴佛教，其原因就在于佛门曾是宣宗的避难场所，而且又为隐藏宣宗付出了惨重的代价，宣宗兴佛实有还愿报恩的动机。

这种说法提出后，也遭到了一些人的反驳。他们认为宣宗隐身于佛门，其实是无稽之谈。武宗在未做皇帝的时候就信奉道教，曾在开成五年（840）秋召赵归真等八十一人入禁中修道场，他并不是在会昌元年突然间态度改变。会昌二年、三年对僧尼的勘问，根本不是对宣宗的搜捕，因为其时宣宗三十出头，武宗只要对三十多岁的僧人查问就可以了，没有必要兴师动众。会昌五年（845）规定五十岁以下的僧尼全部还俗，后来外国僧尼也要还俗回国，为了查杀宣宗，至少所有的尼和外国僧是被冤枉了。即使宣宗隐身于僧中，僧还俗为民后，宣宗还可以隐身于民间，仍不能达到目的。"李氏十八子"这条谶语出自于道士之口，只能说明佛道间的矛盾，并不能说明武宗与宣宗之间的权力之争。因为如果宣宗代替武宗，政权仍在李姓手里，根本没有必要"恐李家运尽"。以"黑衣"暗示佛教徒要改朝换代并非始于唐武宗，南北朝时曾经出现过。道士之所以散布这种谶语，不过是前人的故伎重演，并不是针对唐宣宗的。宣宗恢复佛教，也不是针对武宗本人的，而是崇佛者对反佛者斗争的一次胜利。

唐武宗灭佛，对唐朝历史和佛教的发展影响极大，促使他灭佛的根本原因，尽管已有很多人在探索，但至今仍是一个有待于进一步研讨的谜团。

杏花村之谜

晚唐诗人杜牧有一首脍炙人口的《清明》诗："清明时节雨纷纷，路上行人欲断魂。借问酒家何处有，牧童遥指杏花村。"诗中提到的杏花村到底在何处呢？数百年来，众说纷纭，争论激烈，但还是没有一个定论。

据调查，我国各地有八十多个取名"杏花村"的地方。围绕杏花村的传说有很多，像杏花仙子的传说、醉仙居的故事、八仙的传说、马刨神泉的传说等，反映了杏花村早期的酿酒情况。其中醉仙居的故事流传最广，故事中的"老道吐饭而成酒"反映了杏花村美酒源远流长的历史。故事是这样的：传说很久以前，一道士前往杏花村"醉仙居"饮酒，酒量极大，酒后分文不付，扬长而去。主人厚道，也不以为意。此后数日，天天如此。终于一日醉倒在店前，竟将喝的满腹美酒吐在店前的水井里。说来也怪，从此这口井的水就变成了芬芳绵甜的美酒。这口井此后被视为"神井"。

那么杜牧笔下的杏花村到底在哪里呢？

有人认为是南京杏花村。该杏花村位于南京城西南隅新桥西信府河、凤凰台一带，此处冈峦叠翠，绿树环绕，前邻大江，下为秦淮，历来是风景秀美之地，又称"金陵杏花村"。该说的根据主要有三：其一是杜牧曾数次到过南京；其二是明代顾起元的《客座赘语》、清末陈作霖的《凤麓小志》和吕燕昭的《嘉庆新修江宁府志》以及民国期间王焕镳的《首都志》均有记载；其三是北宋乐史所撰的《太平寰宇记》也有"杏花村在县理西，相传杜牧沽酒处"的记载。因为《太平寰宇记》成书时间与杜牧生活的时间相隔只有一百多年，所以该书的记载便成了最重要的证据。

有人认为是徐州杏花村。该杏花村在江苏丰县城东南十五里处。根据有三点：一是根据诗意，该诗应当为

杜 牧

杜牧途中所写，由"路上""借问"等语，说明杜牧对周围的情况并不熟悉。那么，杜牧是什么时候路过丰县的呢？查杜牧年谱，杜牧一生自外郡迁官赴京共有四次，其中有三次过丰县境。大和九年(835)由扬州节度使掌书记迁监察御史，大中二年(848)八月由睦州刺史迁司勋员外郎，大中五年(851)秋由湖州刺史迁考工郎中，皆取道运河，经扬州、宋州(治今河南商丘市南)、汴州(治今河南开封)入京。大中二年杜牧曾作《宋州宁陵县记》，丰县杏花村即在运河至宋州的道上。远古时，丰县曾属宋，而且是刘邦的故乡，所以杜牧过丰县境，写一首《杏花村》的诗，是合乎情理的。二是宋人苏轼写了一首关于丰县朱陈村嫁娶图的诗，诗中写道："我是朱陈旧使君，劝农曾入杏花村。而今风物那堪画，县吏催钱夜打门。"言宋时丰县杏花村胜景破坏，猜拳行令豪饮美酒已被官吏打门代替，其诗暗合杜牧《杏花村》诗。苏轼生活的年代离杜牧仅晚一百余年，他对杜牧杏花村的地址比他以后的人更清楚，因而较为可信。三是《丰县志》最早修于明代，从最早版本的《丰县志》开始，每个版本皆收杜牧《杏花村》一诗入《艺文》部，此后的《徐州府志》亦屡次收入。不过反对者认为如今丰县城东南十五里一带并无杏花村，只有一村今名张杏行，至今家家门前院内尚有杏树三十五株，可是该村向不产酒，如此丰县说多少有点牵强。

有人认为是安徽贵池杏花村。提出此说者认为该杏花村在安徽贵池县城西。理由是杜牧在会昌四年(844)九月由黄州刺史迁池州刺史(唐池州治所秋浦县，今安徽贵池)，会昌六年(846)九月又迁睦州刺史，在池州整整两年。并且贵池县城西有杏花村，素产名酒。所以清人郎遂写了《贵池县杏花村志》，将杜诗《杏花村》收入，后来《江南通志》亦将该诗收入，并言杜诗中的杏花村就在贵池。此外，《清明》诗中"纷纷"细雨的描写，与烟云伏地的江南春雨具有的特点相吻合，而与爽朗高旷的晋中气候大为不同。长江南岸的贵池，自古以来多杏花，城西有杏花村，直到今天还出产葡萄酒。可知贵池的杏花村是具备春雨、江南、杏花、美酒等条件的地方，杜牧所指的杏花村理应在此。不过细细体味杜牧《杏花村》诗，疑窦便接踵而来：一是假如杜牧是在赴池州做官的路上，即会昌四年九月作此诗，离清明时节尚远，何以会提及路上的断魂人呢？二是假如杜牧是在池州为官时所写，从会昌四年至第二年的清明时节，近半年之久，这位嗜酒的大诗人，难道不知城西数里的杏花村有好酒卖吗？焉有向牧童"借问"之理呢？三是杜牧在贵池为官，要吃杏花村酒，自有当差的服侍，怎会自己寻觅酒店呢？因此，贵池说也没有说服所有的人。

有人指出是山西汾阳的杏花村，这种观点影响最大。相传自南北朝以来，汾阳即以产酒著名，汾酒享有"甘泉佳酿"之美誉，天下杏花村之多难以胜数，而有这般名酒的杏花村确实独在汾阳。而且如今的汾阳市杏花村旁，还有一口古井。明末清初的爱国诗人、书法家、医学家傅山亲自为这口井题写了"得道花香"四个字，至今尚嵌在井旁的石壁上。如今的汾酒更是名扬天下，所以很多人都相信杏花村就在山西汾阳。但在缪钺编著的《杜牧年谱》中，关于杜牧的生平事迹、每年行动，历历可考，却没有他到过并州（唐代并州相当于山西阳曲以南、文水以北的汾水中游地区）和边塞地区的记载。所以，杏花村也不能完全肯定就在山西汾阳。

还有人指出是湖北杏花村。该杏花村在湖北麻城，历史上也以产酒著名。当地至今还流传着一首民谣："三里桃花店，四里杏花村。村村有美酒，店店有美人。"有人认为杜诗中的杏花村也有可能就在麻城，因为杜牧曾任黄州刺史，他有可能到麻城饮过酒。

一部分人认为杏花村是泛指。理由是中国杏花村很多，诗人不可能专指某一杏花村，可能不一定是真的村名，也不一定即指酒家。只能是这样来理解，牧童所指的那个杏花村的深处是个美丽的村庄，里面有一家小小的酒店，正等候着雨中来客。也有人对这种说法提出了异议，认为杜牧是一位忧国忧民的现实主义大诗人，岂能作无病呻吟之诗？假如他不亲眼见到一个杏花村，他的诗兴岂能无感而勃发呢？

看来，杜牧诗中的杏花村是客观存在的，而他究竟写的是哪一个杏花村，仍是一个搞不清的千年之谜，不知何日才能解开。

唐宣宗身世之谜

唐武宗死后，继位者是唐宣宗。唐宣宗李忱是唐武宗的叔叔，在武宗为帝时期沉默寡言。传说武宗怕他对自己的皇位有企图，所以设法想害死他。在宦官的帮助下，宣宗出游江表为僧。不过有人认为宣宗为僧的记载并不可信，是无稽之谈。

唐宪宗死后，第三子穆宗即位，数年后服金丹致死。穆宗长子唐敬宗李湛随即登上皇位，朝政混乱，为宦官刘克明等杀害。敬宗死后，宦官王守澄等率禁军迎穆宗第二子李涵为帝，是为文宗。文宗卒，宦官仇士良立穆宗第五子李瀍即位，是为唐武宗。

唐宣宗李忱，是唐宪宗的第十三子，从辈分上说是唐武宗的叔叔。传说武宗即位后，对可能会威胁自己皇位的诸王小心提防，李忱是其中最为重要的一位。传说李忱"外晦而内朗"，"视瞻特异"，武宗即位后对他十分不礼貌，而他则忍让不发一言。因为与武宗有了这层关系，所以很多人认为唐末这位小中兴的皇帝曾经有过出游为僧的经历，使这位帝王的身世蒙上了一层神秘的色彩。

韦昭度的《续皇王宝运》说："宪宗死时，宣宗本当即位，但他将皇位让给了侄子唐文宗。武宗即位后，忧虑宣宗可能会对皇位感兴趣，就密令中常侍四人在永巷将宣宗捉了起来，关了数天，然后沉之宫厕。有个宦官叫仇武的十分同情宣宗，就上奏武宗说："以前老皇帝的儿子，不宜长期留在宫厕中，应该杀掉算了。"武宗觉得他说得很有理。仇武带宣宗出来后，让他藏于车中，上面盖上粪土杂物以遮人耳目，从另外的小路带他回到自己的家里，秘密养着。三年后，武宗去世，百官奉迎宣宗于玉宸殿立为皇帝。不久，宣宗也立仇武为军容使。"从这段记载来看，武宗想害宣宗，赖宦官仇武的保护，才得以保命。

尉迟偓《中朝故事》记载的情迹与上书略同，但更进了一步："武宗初登极，对宣宗十分忌恨。一日，在禁苑鞠球，武宗召宣宗，宣宗远远就看到中宫仇士良在对他眨眼睛。士良跃马向前说："刚好有圣旨到，光王可下马接诏。"士良命宦官用车载了宣宗偷偷溜出禁中。军中诸将上奏武宗说："光王落于马下，已经不能抢救了。"于是宣宗削发为僧，游历江表间。会昌末，中人请宣宗还京，于是即帝位。"照这则故事，宣宗不仅逃了出去，而且还流落在外当了和尚。这里仇武成了仇士良，一般估计以本书为确。

《宋高僧传》也谈到这件事，而且说唐朝帝王后裔和尚齐安，能预知宣宗为僧人。宣宗为僧人后，"周游天下，险阴备尝"，后来武宗让他任江陵少尹，实是"恶其在朝耳"。《祖堂集》说宣宗曾拜齐安为师，"甚有对答言论，具彰别录"。《北梦琐言》说宣宗"密游方外，或止江南名山，多识高道僧人"。《五灯会元》之第一灯为《景德传灯录》，内中谈到杭州盐官齐安禅师法嗣中共有八人，内中就有唐宣宗皇帝，并且录有宣宗与黄檗希运禅师的对话。这一系列的材料都谈到了宣宗曾经当过僧人。

相信这种说法者认为，韦昭度没有记载宣宗出游为僧，而只是被养在宦官家，主要是韦氏身为唐相，和宣宗的时间距离又太近，所以不能不为尊者讳。如果把当朝皇帝的父亲或祖父当和尚的经历明揭出来，在当时恐有诸多不便。

宣宗出家在什么地方？一些人认为宣宗取道江淮后，最后在浙江盐官镇国海昌院（后称安国寺）当了一个小沙弥，其师就是该院方丈齐安，宣宗的法名为琼俊。当上皇帝后，他想接齐安回京师，但齐安已经圆寂，宣宗只能赐给他悟空国师称号。安国寺有许多碑记，谈到宣宗曾逃难出奔，落发为比丘，"遍参诸方，独器许于盐官和尚"。宣宗当和尚的故事，历代流传不绝。传说苏轼

当杭州太守时，曾游海昌院，凭吊旧迹，有感而发："已将世界等微尘，空里浮花梦里身。岂为龙颜更分别，只应天眼识天人。"点明了龙颜曾在海昌院受到齐安的格外照顾。南宋陈岩肖《庚溪诗话》卷上说："唐宣宗微时，以武宗忌之，遁迹为僧。一日游方，遇黄檗禅师同行。"清朝康熙《海宁州志》《海宁县志》都肯定宣宗曾当过和尚。

不过有很多人并不同意这种说法。著名唐史专家岑仲勉曾专门对这件事进行了考证。他指出司马光《通鉴考异》早就认为韦昭度等书的记载"皆鄙妄无稽"，而宪宗死后宣宗"便合绍位"是唐末小说的言论，"多不足凭"。尉迟偓的说法比韦昭度更加荒谬，当时皇子都居住在十六宅，一般

唐·三彩宦官俑

是不出阁的，而宣宗怎么能当僧人？特别是武宗对他十分忌讳，怎么能任其到处乱跑？武宗既然知道宣宗当和尚了，"只有明正其罪，岂肯授以江陵少尹"？岑先生猜测："大抵武宗毁佛，僧人憎之极深，故不惜为诡说，以遂其诬捏，韦氏等三书，保不为僧说所影响也。"

一些人认为《旧唐书》说宣宗"严重寡言"，"幼时宫中以为不慧"。他在文宗、武宗时"愈事韬晦，群居游处，未尝有言"。像《旧唐书》根据唐代的国家文献整理成书的著作，可靠程度远在私家著述之上，却并没有说他削发为僧云游四方。唐武宗在位时，根本看不起宣宗，而不是怕他防他。而宣宗装出一副庸碌的样子，韬晦少言，减少武宗对他的防备。宣宗生于元和五年(810)，会昌六年(846)即帝位时三十七岁。他的长子懿宗大和七年(833)出生，大中四年(850)女儿万寿公主出嫁，大中五年(851)封三个皇子为王。如果当时削发为僧，长期不在长安，而在南方游方，他哪里会有自己的家庭和众多的子女？宣宗即位前与佛教的关系，仅是就近游玩，多少做点佛事而已。

唐宣宗当过和尚吗？看了上面的不同观点，我们仍是无法作出肯定的回答。

王仙芝受降之谜

由王仙芝和黄巢领导的唐末农民起义，是我国古代第一次高举"平均"旗号的农民战争，在历史上颇具影响。然而，根据史书的记载，在长达九年的起义过程中，王仙芝曾经接受唐朝政府的诱降。史书的这些记载可信吗？

现存的两《唐书》和《资治通鉴》等史籍中一致记载，王仙芝曾在蕲州受唐刺史裴偓的诱降，引起起义军内部分裂，与黄巢"分兵"。后来，他又在安州受唐监军杨复光的诱降，派遣尚君长等人出使长安"奉表""请降"，遭到唐招讨史宋威的劫杀。而黄巢也曾在乾符五年(878)二月在淮北遗书天平节度使张裼请降。

由于这一问题牵涉到推动历史前进的农民起义领导人是否有变节行为，所以一直是学者们关注的焦点。早在20世纪五六十年代，历史学家们便就这一问题展开了激烈的论辩。

有人认为，义军进攻蕲州时，王仙芝通过王镣写信给蕲州刺史裴偓谋求妥协。有人支持这种观点，认为王仙芝出身盐贩，保存着贪图的观念，进攻蕲州时，他欲牺牲群众而去投降，经黄巢责以大义，加上众人愤怒，才将卑鄙想法暂时按捺下去。他离开黄巢后，屡次派人到地方官处请求朝廷任命，立场如此不坚定，其失败是必然的。有人认为乾符五年他又派尚君长等请降，使义军遭到一定的损失。更有人认为在攻克安、随二州城后，王仙芝曾七次投降，完全变成起义军的叛卖者。

但有学者认为，史籍所记载的王仙芝和黄巢事迹，不仅各书所载各有矛盾和错误，就是同一本书中的纪、传之间也不尽相同，在进行了一番研究之后，他们认为传统的说法有很多不实之处，而这些失实的地方是旧史家出于对农民革命的仇恨，对其罗织和诬陷的结果。

他们提出：第一，关于乾符三年（876）十二月王仙芝在蕲州受刺史裴偓诱降，引起王仙芝和黄巢的冲突，从此二人分开作战的记载是失实的。因为早在乾符三年九月，起义军攻占汝州之后，王仙芝和黄巢就已经分道活动了，王仙芝攻占蕲州时，黄巢并不在场。

唐·三彩武士俑

第二，蕲州招降起义军一事，并非王仙芝妥协动摇，而是唐政府招降阴谋的结果。有乾符三年九月乙酉僖宗《讨草贼诏》为证。第三，王仙芝进军蕲州的时间是在乾符四年（877）秋，而《资治通鉴》《平巢事迹考》等史书虚造王仙芝于乾符三年冬在蕲州受敌诱降，是混淆了年代。第四，起义军攻蕲州时，被起义军俘虏的汝州刺史王镣，曾经为王仙芝致书裴偓约降，并作为王仙芝投降的牵线人这件事，也是不可信的。因为王镣当时是否在起义军中，还是一个问题。

持这种观点者认为，在《新唐书》《通鉴》等史书中，写得那么重大的王仙芝投降事件，在《旧唐书》中却没有只字记载，很有可能是唐末五代后宋人夸大铺演而成的。王仙芝攻复、郓诸州时，杨复光派人说降，这是事实，但王仙芝并未受敌诱降。尚君长等在颍州与宋威战死，根本不是受王仙芝派遣出使长安路过颍州时为宋威所杀。

然而，一些人不同意以上学者的观点，并且从分析史料入手，对这些看法进行了反驳。

针对前面所罗列的这些观点，他们指出：首先，《旧唐书·黄巢传》将王仙芝和黄巢的活动完全分开叙述，根本没有提他们合兵攻打汝州的事，既然没有提合兵攻汝州，又如何断言攻克汝州后两人分道作战？

关于《讨草贼诏》这一证据，他们指出，这一诏书并非发布于乾符三年九月乙酉，而是乾符四年三月发布的。支持王、黄二人没有变节行为的学者，错把《资治通鉴》中所记载的乾符三年九月乙酉的赦令当成了《讨草贼诏》。因此，说乾符三年十二月蕲州招降义军是唐政府既定招降阴谋的实施这一论断，是站不住脚的。

他们指出，上述观点的提出者认为王仙芝进军蕲州之时，被俘虏的汝州刺史已经逃走，这是值得商榷的。因为《三水小牍》、新旧《唐书》的《僖宗纪》以及《资治通鉴》等都说当时王镣被俘虏，没有提到他逃走的事。

除此之外，另有学者提出，认为王仙芝没有变节行为的学者一再强调王仙芝乞降的记载是封建史臣的有意"污蔑""歪曲"和"罗织"，所以《资治通鉴》、两《唐书》等记载矛盾百出，前后抵牾。这一观点也是不科学的。因为，现代学者的立场和司马光、欧阳修、宋祁的立场是完全相反的，两者衡量事物的尺度并不一致。史臣们站在统治阶级的立场，绝对不会把农民坚持起义看成是光荣的事情，而只会把农民领袖的投降看成是"归顺"或者"弃暗投明"。因此，司马光、欧阳修、宋祁等人不会用王仙芝的"乞降"来"污蔑"他们。他们认为，史籍中史事记载的矛盾和抵牾是司空见惯的，如果根据这一现象就否认历史事件的存在，认为是出于捏造，是不对的。

也有人强调，王仙芝动摇是比较确凿的。攻蕲州时，可能是为了麻痹敌人，伺机而攻，就采取虚与委蛇的缓兵之计，只是后来王仙芝在敌人诱降面前突然动摇。但杨复光遣使说谕一事毋庸置疑，王仙芝遣尚君长请降也是存在的，因为农民军进攻宋州失败后处于失利的境地，王仙芝发生动摇也是可能的。

要揭开王仙芝受降的真实情况，看来仍需时日，希望学者们对这一问题的研究能有所深入。

皮日休下落之谜

晚唐，出现了一批"惟歌生民病"的现实主义诗人，其代表人物之一就是皮日休。他们的诗，批判锋芒相当尖锐。尤其是皮日休，唐末还参加了黄巢的农民起义军，为翰林学士。黄巢兵败时，皮日休死了。究竟最终结局如何，历来成为争论的焦点。

晚唐著名诗人皮日休，字逸少，后改字袭美，自号鹿门子、醉吟先生等，襄阳（今属湖北）人。他出身贫寒，从他的"老牛瞪不行，力弱谁能鞭"等诗句来看，他曾参加过一些乡间劳动。懿宗咸通八年（867），他以榜末登进士第。二年后游苏州，为刺史崔璞军事判官，与陆龟蒙唱和。咸通末入朝为太常博士，复出为毗陵（今江苏武进）节度副使。僖宗乾符五年（878）左右，他参加了黄巢起义军。广明元年（880），黄巢进入长安称帝，皮日休便做了翰林学士。

新、旧两《唐书》中都没有皮日休的传记，至于他的生死结局，正史也无可考。但五代及宋朝文人的一些笔记杂记中却有着不少记载。皮日休的结局，目前学术界大体有这样四种观点：一为黄巢所杀；二被朝廷诛杀；三逃奔吴越，依附于钱镠；四流寓于安徽宿州，并终老于此。

关于皮日休被杀的说法，现存史料中最早见于《北梦琐言》卷二《皮日休献书》，不过孙光宪仅仅说："黄寇中遇害。"稍后钱易的《南部新书》丁卷记载就较为详尽了：黄巢曾经命令皮日休作谶词，皮日休遂作词云："欲知圣人姓，田八二十一。欲知圣人名，果头三屈律。"黄巢听罢大怒，觉得皮日休分明是在讥讽自己。因为"田八"就是"黄","果头"就是"巢",而且黄巢"头丑,掠鬓不尽",一怒之下决定要将他杀了,遂使皮日休遭祸。其后的《郡斋读书志》《直斋书录解题》《唐语林》《唐诗纪事》《唐才子传》等书中,均取皮日休作谶文而遇害之说。

如果皮日休确实是因为作谶文而被杀,那么他被杀的时间应当在黄巢入长安称帝前后,即黄巢金统元年(880)前后。

有人不同意这种说法,认为被黄巢杀害的观点很难成立。因为在《北梦琐言》中另有"皮客死浙中"的记载,一书自己互相矛盾,很难说前一条一定是真的。《南部新书》的故事明显套用《太平广记》中山阴老人献给董昌的谣言:"欲识圣人姓,千里草青青。欲知圣人名,日从日上生。"倒不是说钱易抄袭了《太平广记》,而是当时流传的这样一个故事被套用了。即使皮日休真作了谶语,也当在黄巢称帝前,以表示黄巢是个真命天子,应该称帝。黄巢称帝前没有杀皮日休,反而授以官职,可见皮日休不大可能有作谶被祸的事情。

有人认为皮日休没有被杀,而是逃奔到了吴越。根据陶岳的《五代史补》卷一云:杨行密曾经命令宣州刺史田頵领兵围攻钱塘,钱镠眼见情势危急,于是派遣一个儿子前往修好。因为其子"风神俊迈",博得了杨行密的欢喜,甚至以自己的女儿嫁其为妻,还命令田頵罢兵收队。当初,田頵围城的时候,曾经派专人照料钱镠的饮食起居,故而钱镠后来对他相当厚待。当钱镠准备离开钱塘时,与田頵小饮,罗隐、皮日休等都在座,而且皮日休还出酒令讥讽田頵的使者。又据《资治通鉴》所记,田頵围钱塘是在天复二年(902),这时距离黄巢败亡已有十几年,故可认为皮日休不是被黄巢所杀,而是逃到了吴越,依附于钱镠。

不过有人不以为然,如梁超然先生在《唐才子传校笺》中却认为:若是根据陶岳的《五代史补》卷一《杨行密钱塘侵略》条目的记载,认为天复二年时皮日休犹在钱镠幕中,这只是《五代史补》一本书的说法而已,属于孤证,不可确信。

认为皮日休逃到吴越的人举出了其他的资料。陆游《老学庵笔记》卷十说:"《该闻录》言皮日休陷黄巢为翰林学士,巢败被诛,今《唐书》取其事。按尹师鲁作《大理寺丞皮子良墓志》,称:曾祖曰休,避广明之难,徙籍会稽,依钱氏,官太常博士,赠礼部尚书。祖光业,为吴越丞相,父璨,为元帅府判官。三世皆以文雄江东。据此则皮日休未尝陷贼为其翰林学士被诛也。光业见《吴越备史》颇详。孙仲容在仁庙时,仕亦通显,乃知小说谬妄,无所不有。师鲁文章传世,并刚直有守,非欺后世者,可信不疑也。故予表而出之,为袭美雪谤于泉下。"陆游根据尹洙的《皮子良墓志》认为皮日休被杀说不可信,的确是逃到了吴越。

这个墓志对皮日休在黄巢处当官是隐约其词的,不过据两《唐书》及《资治通鉴》,都指出皮日休曾为黄巢的翰林学士。《旧唐书》卷十九《僖宗纪》云:"黄巢据大内,僭号大齐,称年号金统,悉陈文物,据丹凤门伪赦。以太常博士皮日休、进士沈云翔为学士。"《新唐书》卷二百二十五《黄巢传》:言"巢斋太清宫,卜日舍含元殿僭即位,号大齐……皮日休、沈云翔、裴渥翰林学士。"《资治通鉴》卷二百五十四也有相同的记载。故皮日休为黄巢翰林学士,应属实无疑。其后人对于这一点说得极为含糊,只是提到"避广明之难,徙籍会稽",乃是刻意隐瞒皮日休这段不光彩的"从贼"历史,这当在情理之中。

《全唐文》卷七百九十九有皮日休的《题同官县壁》,作于僖宗中和三年(883),内中有云:"余行邑过此,偶无令长,遂寄榻县宇,步履后圃,荒芜不治,独有四小柏,郁然于草莽间,菅茅并处,良无可叹者,后之来者,当有瘦马长官,定能为四柏主人,幸无忽此语也。"此文也可证皮日休在中和二年(882)以后尚在人世,未被黄巢所杀。他见黄巢败局已定,遂怆然离开长安,既未被黄巢杀害,也没被唐王朝捕杀。

但有人对这条资料又提出不同意见。在考察了《陕西金石志》卷二十三题名为《同官四柏碣》一文,与《全唐文》所收《题同官县壁》比较,两文内容相同。而文章的落款为:"政和三年三月望日,休书。"这乃是宋徽宗时陈休所作,而《全唐文》误收在皮日休名下。故皮日休为翰林学士,因谶语导致祸患是可信的。

反驳者说,从此文中可以看出,作者至同官之日,县无令长,只是一片凋敝景象。此种状况的出现,只可能与大的战乱或灾疫有关。但考察有关宋朝史书,宋徽宗政和三年(1113)并没有和北方少数民族政权发生大规模的战争,同官一带也无大规模的农民起义或暴动。又据《宋史·五行志》,在政和三年前后,同官一带也没有发生过灾疫,故同官县在政和三年不可能出现上述情况。而据《资治通鉴》所载,黄巢在占领长安期间,以长安为中心的京兆地区成为主战场,并多次发生战争。再据两《唐书·地理志》所载,同官县在当时属京兆府管辖,地理位置十分重要。可见同官一带在当时不可避免地受到战争殃及。那么皮日休在中和三年三月到达同官县衙,发现"偶无令长""荒芜不治"也在常理之中。故而据《陕西金石志》而认为《题同官县壁》一文非皮日休所作,难以让人信服,应该属不足为据。

第三种观点认为皮日休是被朝廷诛杀的。人们引用的资料是陆游《老学庵笔记》卷十所引《该闻录》的一句话:"皮日休陷黄巢,为翰林学士,巢败被诛。"萧涤非、郑庆笃两位先生就持此种说法。郑庆笃认为皮日休参加了农民军,但皮日休是不可能去投奔钱镠的。他在《论皮日休》一文中说:"钱镠是何人物?曾任唐朝同中书门下平章事,封开国公,领镇海节度使,更因镇压黄巢起义,平息董昌叛乱有功,而被封为吴王、越王。唐亡后,称吴越国王。这样的唐朝元勋重臣,对'陷贼'四五年,接受黄巢翰林学士的皮日休,能够接受吗?结论只能是否定的。"萧涤非在其整理的《皮子文薮》附录三中也认为:"皮日休既然作了黄巢的翰林学士,这就构成了他的'杀无赦'的条件。"

不同意上述观点的论者举出了十分有力的资料加以反驳。《十国春秋》卷八十六《皮光业传》云:"皮光业字文通,世为襄阳竟陵人。父日休,有盛名,

钱镠

唐末为苏州军事判官、太常博士，遂家焉。光业生于姑苏，十岁能属文，既长以所学谒武肃王（钱镠），与沈崧、林鼎同辟幕府，累署浙西节度推官，赐绯。""天复二年国建，拜光业丞相"。陶岳《五代史补》卷三也有相同记载。如此，皮日休曾为苏州军事判官，并定居于吴越之地。黄巢败亡之后，其投奔吴越当在常理之中。如若钱镠以皮日休曾为黄巢伪官而不接纳，那他为什么还会重用其子皮光业呢？皮日休为什么还会在死后获得官赠礼部尚书的殊荣呢？这里不免矛盾百出。皮日休接受黄巢伪官，在朝廷看来是要杀头的。但我们还应该看到，黄巢起义后，唐

王朝对地方的控制力几乎已经是丧失殆尽。若钱镠要任用皮日休，唐中央政府则无力干涉。萧涤非、郑庆笃两位先生还都认为《大理寺丞皮子良墓志》不足为据，其中当有隐讳之处，但亦无确凿证据进行反驳，故亦不能完全否认墓志的价值。因此，认为皮日休为朝廷所诛杀一说，根本是靠不住的。此说只见于陆游所引书《该闻录》，属于孤证，无其他资料来证明《五代史补》等所载史料之误，难以让人信服。

此外还有一种观点认为皮日休最后结局是流寓于宿州，并终老此地，张志康《皮日休究竟是怎样死的》一文就持这种观点。他依据光绪《安徽通志》卷二十一的《舆地志》陵墓条，还有道光《宿州志·舆地志》陵墓条所引："唐皮日休墓在顺河集濉溪北岸，石门尚存，题皮日休墓。"又据《宿州志》卷三十九所引录的一个清代庠生张光谦的《吊皮日休墓》诗，认为"皮日休最后的结局流寓于宿州，死后葬于濉溪北岸"。此说一些学者也不认同，认为地方志在涉及古代的文人轶事的时候，往往会借题假托，以有名之人为荣，同一人物在多处有陵墓的例子也屡见不鲜，这种现象在今天尚且存在。况且此说法直至清末才出现，距离唐朝年代甚为久远，且没有其他确凿材料来佐证，因此不足为据。

皮日休最后的结局，目前最有影响力的一说是在黄巢失败后，逃到吴越，最后依附于钱镠。不过既然有相互矛盾的史料存在，不同的说法总是有一定的合理性，轻易地否定哪种观点都不是妥当的做法。

黄巢下落之谜

　　唐末农民大起义，使得唐王朝分崩离析，最后趋于覆亡。由于种种原因，这次起义并没有完全取得成功，最后在各地军阀的联合打击下失败了，而这次起义的领导人黄巢的下落却引起了人们的普遍关注。

唐朝末年，曾经爆发过一场轰轰烈烈、声势浩大的农民起义，其领导人是黄巢。

乾符初年，河南地区连年发生水旱灾害，老百姓饥无食，冻无衣，到了"夫妻不相活，父子不相救"的境地，无奈之下大家只能揭竿而起。贩卖私盐出身的黄巢曾几次应进士不第，内心早就有"冲天香阵透长安"的想法，见到这种形势，遂举旗起义。在他的带领下，农民起义军纵横中原，转战南北，于880年攻占长安，建立起了大齐农民政权，黄巢自称皇帝，封妻为皇后。此后，义军受到了唐朝各地武装的包围，虽然想尽办法，但军事上出现了节节败退的局面，义军得不到充足的供给，长安粮食严重不足，许多将士只能以树皮野草充饥。

883年四月，唐王朝纠集的方镇武装从四面八方向长安发动进攻，黄巢力战不胜，率义军十五万撤离长安。唐军在后面紧追不舍，经过数十次大小战斗，义军损失惨重，黄巢率残兵败将从河南撤到山东。884年六月，黄巢退至河南和山东交界处时仅有散兵千人不到。

对这样一个几乎已彻底推翻唐王朝统治的杰出人物，黄巢最后的结局，一千多年来一直引起人们的极大关注。黄巢究竟是被杀还是自杀，或者是逃脱后当了和尚，人们十分热切地盼望学术界有一个明确的说法。然而直到今天，学术界的意见仍然无法统一，几种说法都有事实依据，难以遽下一个定论，所以黄巢的最后下落仍然是个历史之谜。

有一种看法认为黄巢是兵败被杀的。这年的六月十五日，黄巢义军被唐军追至山东瑕丘（治今山东兖州区东北），黄巢与唐军殊死激战，手底下的士兵几乎全部战死，黄巢与其外甥林言退至泰山狼虎谷的襄王村。这时，林言见大势已去，想保住自己的性命，乘机杀了黄巢及二弟黄邺、黄揆等七人。林言拿了黄巢等人的首级打算向唐军将领时溥献功，在路上却遇到了一支唐军，他们杀了林言，将林言和黄巢等人的首级一并献给时溥。根据这种说法，黄巢是兵败被外甥杀死，资料的主要来源是《旧唐书》，今人的一些著作也采用这种说法。

第二种观点认为黄巢是自杀而死的。宋代欧阳修《新唐书》说时溥派将领李师悦领兵万人尾追义军不舍，在瑕丘一战，黄巢身边人马丧亡殆尽，退至狼虎谷。黄巢感到自己无路可走，遂对外甥林言说："我本想讨伐奸臣，洗涤朝廷，但现在看来已经不行了。你如果拿了我的首级献给唐朝皇帝，一定能因为奖励取得富贵，这个好处就不要留给他人了。"言毕，黄巢转过身来等待林言动手，然林言实在下不了手。见林言没有动静，黄巢就举剑自刎，但割了几下并不成功。林言不忍心看到黄巢这样痛苦，遂一刀将黄巢杀死，并将黄巢的几个兄弟和妻子的首级一一割下，全部盛在盒子里，打算献给时溥。半路上碰到唐军，林言自己也被杀身亡。司马光编《资

唐代文官

治通鉴》时也看到了这类讲法，但没有直接采用，而是放在《考异》中。他看到的书叫《续宝运录》，内容大致一样，但黄巢外甥的名字成了朱彦。

黄巢是自杀而死的观点，受到了当代一些学者的怀疑和否定。方积六先生在《黄巢起义考》一书中认为黄巢起义前后有十年，始终是英勇顽强地抗击唐军，即使到了局势十分危急时，仍是率领义军向当初起义的发源地山东地区撤退，企图保存力量。说他在撤往以前根据地的途中突然改变主张，让别人拿了他的头去向敌人乞求富贵，是缺乏可信度的。一些学者认为有关资料在谈到追杀黄巢的唐军首领时前后不一，杀死黄巢的外甥姓名也不尽相同，一会儿说他是时溥的将领，一会儿说他是黄巢的上将，极其混乱。至于杀死黄巢的时间、地点也出入较大，说黄巢是死在战场，不管是被杀还是自杀，都有很多疑点。

第三种观点是黄巢兵败后遁逸为僧。这种说法主要以宋朝的野史、笔记小说为主要依据，认为义军战败后，黄巢没有死，而是虎口脱险，做了和尚，并得以善终。宋朝人王明清《挥麈后录》转录五代王仁裕《洛城漫录》说五代张全义为洛阳留守时，在一批僧人中看到了黄巢。又转引宋初陶穀的《五代乱离纪》说黄巢逃跑后，剃发当了和尚，曾经写过一首诗："三十年前草上飞，铁衣著尽著僧衣。天津桥上无人识，独倚危栏看落晖。"当时人认为后来黄巢住在明州雪窦寺，人称雪窦禅师。雪窦寺有黄巢的墓，每年当地官府派人前去祭祀。邵博的《河南邵氏闻见后录》卷十七中也谈到了黄巢当和尚的事情。他说时溥献给唐僖宗的那个黄巢头是假的，东西二京的老年人都说其实黄巢没有死，从泰山狼虎谷逃了出来，装扮成僧人投奔到河南尹张全义处。张全义原是黄巢的旧部，这时假装不认识，为黄巢造了南禅寺居住。邵博多次到洛阳南禅寺游览，见到墙壁上画着一个僧人，状貌与一般人相差不大，但两眼像蛇眼一样凶狠，这人就是黄巢。庙里的老僧人对邵博说有黄巢以前写的绢本十分稀奇，上面有黄巢的一首诗。据邵博记载，诗的内容与上面陶穀所记基本相同。黄巢逃脱后当了和尚，投奔张全义，或说后迁居明州雪窦寺，这样的述说在吴曾《能改斋漫录》、张端义《贵耳集》、罗大经《鹤林玉露》、周密《志雅堂杂钞》等书中都有，被描绘得十分生动细致，因而有许多人认为是值得信赖的。对此，宋代人也有不同意见，赵与时在《宾退录》中指出，流传的黄巢诗作，是后人取唐朝大诗人元稹的两首《智度师》诗拼合而成的，属于伪作，但他对黄巢遁逸为僧并未加以直接否定。

黄巢出家当了和尚的这种说法在今天的学术界也很有市场，一些人认为时溥送到四川给唐僖宗看的黄巢头肯定是假的。林言杀黄巢后，先将头送到徐州的时溥处，但狼虎谷到徐州相距五六百华里，快马也要三天路程，而徐州至成都行在所，相距三四千里，即使马不停蹄，日夜兼程，也需二十天。当时是六月盛暑，放在盒子里的首级恐怕早已腐臭不堪，唐僖宗怎么能认得出？更何况黄巢兄弟六七人，难言其中没有长相差不多的头颅。他们认为黄巢逃跑也有现实条件，围剿义军的唐军之间相互矛盾重重，还不断发生火并；一些地方势力为了要挟朝廷，在围剿时真真假假，有时谎报军情，有时围而不剿，甚至有时还故意放走义军，将义军击散了事。黄巢在几次面临灭顶之灾时都能安然无恙，化险为夷，都与当时唐末军阀之间、军阀与朝廷之间的矛盾有关。即使到了义军主力被歼后，对那些潜逃和躲藏起来的义军将领，在军阀割据的局面下，也根本不可能穷追猛打。

一些学者认为唐朝是一个佛教非常发达的时期，黄巢深受佛教思想的影响，他早就有遁入空门的思想根源。在韶州的南华寺，保存了黄巢于877年写的《斋僧文》，自称是率土大将军。在安徽歙县昭庆寺，也有黄巢的《斋僧疏》碑文，讲到他打算舍银六锭，斋一千僧人。当黄巢确信起义失败无疑时，他的意志消沉了，甚至对他的过去表示怀疑，他就完全有可能选择出家这条道路，这是历史给他的安排。在那些官修或钦定的史书中，是决不敢直书黄巢遁逸逃脱之类的事情，他们对义军总是极尽诽谤歪曲，为以儆后人，总要说义军是被官军追尽杀绝的。在当时有的人为了向唐王朝邀功请赏，虚报战功，首级的真假根本是无法辨认的。即使说这些史书所记不误，但谁能保证黄巢是真的死了？

黄巢究竟是被杀还是自杀，是死了还是逃走当和尚了，至今还没有一个能使人彻底信服的答案。前二种说法，大体一致，仅是被杀的细节上有差异，但见于比较严肃的历史书上；后一种说法比较戏剧性，尽管记载的都是笔记小说，但数量很多，如王明清的书，历来被认为是实录，他自称是"无一事无一字无所从来"，实在让人不能视而不见。看来黄巢的下落，依然没有谜底，仍是无法解释得清楚。

唐代宦官控制皇位继承权之谜

唐朝是皇位继承制度极不稳定的一个时期，由于皇位继承冲突而导致的宫廷政变与统治集团内部的诛杀，几乎贯穿于近三百年的历史。尤其到了唐代后期，皇位继承特别不稳定，唐代后期的十三个皇帝，继承皇位时争夺异常激烈，十分具有时代特色。

唐代后期皇位继承的不稳定中处处有着宦官们的身影。从唐肃宗至唐昭宗共十三位皇帝，其中的十一位竟然是由宦官拥立的，这多少令人惊讶不已。清代史学家赵翼说："唐代的宦官权力在人主之上，他们立君、弑君、废君，有同儿戏，实在是自古以来不曾多见的。"看来唐代的皇位继承和争夺几乎全与宦官有关。

皇宫里有宦官，自古皆然，只是唐代前期的宦官都是不干预政事的。到

裴　度

了玄宗时期，后宫嫔妃人数增多，为她们服务的宦官也跟着增加，身着黄衣、紫衣宦官服装的有数千人，地位最高的已官拜三品，列戟于门。政局动荡不定，宦官们就成了皇帝的私人亲信，是一批忠实的依靠对象，恃功得宠就大有人在了。

　　唐玄宗开始，宦官在议立储君问题上开始有发言权了。太子李瑛被废后，李林甫等想立寿王，而玄宗考虑肃宗年纪最长，当立肃宗。正在无法定夺之际，高力士说："推长而立，孰敢争？"玄宗一下子就听了进去，最后肃宗成了太子。李辅国在拥戴肃宗时立了大功，开了后世宦官拥立皇帝的先例，到了代宗也是他拥戴而立的。其时宦官李辅国、程元振、鱼朝恩等交替专权，权力在不断上升，但皇帝仍是有能力将自己不满意的宦官除掉的，其实皇帝往往是在利用宦官之间的矛盾达到自己的目的。这一时期的宦官还没有全部控制皇位的继承。

　　唐德宗以后，宦官集团控制了皇帝，因而他们在一系列的政权之争中居于主动地位。德宗以后的皇帝，除顺宗外，全是由宦官废立，宪宗和敬宗还是宦官亲手杀死的。这时的皇帝心有余而力不足，在政事上要依靠宦官，而且在继承人问题上也是无可奈何。有时他们心有所属，却做不了主，全由宦官说了算。唐文宗病重期间，让一些宦官和朝中官员到禁中，想奉太子监国，想不到掌有实权的神策中尉仇士良、鱼弘志不想立太子，矫诏一道就改立了皇太弟，根本不将文宗当作一回事。

　　宦官的所作所为，自然要遭到皇帝和大臣们的反感，但宦官自有其办法。对皇帝，他们揣摩其心理，知道怎样去讨好皇帝，最后乖乖地不理政事。仇士良致仕前向同党面授机宜："天子不可令闲，常宜以奢靡娱其耳目，使是新月盛，无暇更用他事，然后吾辈可以得志。慎勿使之读书，亲近儒生，彼见前代兴亡，心知上忧惧，则吾辈疏斥矣。"只要让皇帝走向堕落，没有上进心，宦官们就能永远抓住大权。

　　对大臣，他们常常采取拉拢的手段，以壮大自己的力量，在控制皇位继承方面立于不败之地。唐敬宗暴虐，常常无缘无故地责打左右，宦官刘克明等不堪忍受，一气之下杀了敬宗，准备立绛王。枢密使王守澄、梁守谦等想控制局面，遂拉拢宰相裴度和翰林学士韦处厚等人迎立江王，共讨克明。整个事件中，裴度的作用极其重要，出谋划策的主要是他，这样迎江王就十分顺利。文宗立，韦处厚以功勋即当上了宰相。

　　宦官们还经常联合地方势力。由于朝廷向各地派出监军，而监军全是宦官，所以宦官与地方将帅关系十分融洽。王叔文等发动的永贞革新，曾想夺宦官的兵权，想不到俱文珍等宦官拥立广陵王为皇太子，又联合藩镇，使得改革派内外交困。皇位继承权一旦定了下来，大局实际上已定，在剑南西川节度使韦皋、荆南节度裴均等人的大力支持下，皇太子又顺利地登上皇位，是为宪

大唐王朝历史之谜

宗，改革派鸟兽般散去。

在继承皇位的问题上，皇室成员难道不能与宦官们一争吗，他们总不见得连立个太子的权力也没有吧？但从整个唐后期来看，皇室诸王、后妃想拥立自己中意的皇室子弟的权力的确是没有的，他们要么与宦官完全合拍、相安无事，要么与宦官的意思有所不同而必然出现争斗。事实上整个唐后期皇室都不是宦官的对手，都是以皇室的失败而告终，其原因是宦官手中握有强大的军权。杨贤妃是唐文宗的妃子，曾想立安王溶为皇太子，与仇士良的看法有异。对宦官们来说，他们才不会将皇位继承权的控制权拱手相让。文宗病重时，仇士良和鱼弘志等人矫诏废皇太子成美复为陈王，立颖王为皇太弟，几天后又将皇太弟推上了皇位，而与他们一争的杨贤妃及安王溶及陈王成美等都成了宦官们的刀下鬼。

后人还发现一个奇怪的现象，宦官们为了掌握废立皇帝的大权，为了获得拥立之功，常常不让皇太子顺利继位，他们往往拥立诸王为帝而摒弃太子。自唐宪宗以下至唐昭宗八帝，以皇太子身份继位者仅有敬宗一人，形成了"李氏子孙，内大臣立定"的罕见局面。

此外，还有一个问题，即在继承皇位的过程中常常会出现宦官意见不同的情况。宦官人数众多，各人有各人的想法，各自的利益不同，所以内争很厉害，有时十分激烈。掌握了皇位继承权，有的人就能消灭异己，独揽大权，有的人可以一步登天改变以前的地位，所以宦官在皇位继承过程中十分活跃，这样我们对两个左右神策中尉联合对付两枢密使的情况也就不以为奇了。至于两个中尉之间的争斗，中尉和枢密使联合起来对付中下级宦官的事情更是多见。唐宪宗时，惠昭太子死后，左神策中尉吐突承璀让宪宗立澧王李恽为太子，宪宗没有同意，承璀心有不甘，一直没有停止动作。宪宗为了追求长生不老，一直在吃金石药物，弄得身体十分虚弱，宦官王守澄与陈弘志干脆在宪宗的食物里下毒，将他害死了，于是他们就轻轻松松立穆宗为帝。唐穆宗即位后，知道当初吐突承璀并没有想立自己，于是让人在他到禁中时乱刀杀死。

除上面的肃、代、宪、穆诸帝外，其他诸帝如敬宗是众宦官拥立，文宗是梁守谦、王守澄等拥立，武宗是仇士良、鱼弘志拥立，宣宗为众宦官拥立，懿宗为王宗实拥立，僖宗为刘行深、韩文约拥立，昭宗为杨复恭、刘季述拥立。那么这些宦官为什么有控制皇位继承权的特权？

张文斌等一些专家认为主要有以下几个原因。中唐时，皇帝为了对付相权，设立了枢密使，以此来分割宰相的权力。枢密使不但分了相权，同时在唐代后期的政治生活中产生了巨大的影响。枢密使干政的权力不断深入，还可以与宰相一起来讨论决定军国大事。由于枢密使权盛位重，控制皇位继承权就得天独厚。宦官控制继承权的关键是掌握了兵权，因而能将皇帝废立控制于股掌之中。神策军既是中央的禁军，也是一支中央直属的作战部队。左右神策护军中尉是神策军的最高统帅，同时也是整个宦官军事系统的最高首脑。神策军的其他军事职务，如中尉副使、中护军、辟仗使等都是由宦官来担任的。而唐朝的有些皇帝并没有很好地认识到这个局面的实质，反而认为宦官掌军权等于是自己直接掌控，十分安全，想不到宦官们就是利用了手中的军权在翻手为云，覆手为雨。宦官监军表面上看是以皇帝特派员的身份到各节度藩镇处监督地方军事，而事实上一些监军使和中央禁军中尉勾结到一起，互通消息，互为表里，牢牢掌控地方军权，为其废立皇帝提供了有力的后盾。

看来宦官之所以能控制皇位继承权的秘密，大概就在于此。

科举制度诞生之谜

中国古代社会的取士方式，以科举制度实行的时间最长，它延续上千年，对封建社会曾产生过重大的影响，千秋功过众说纷纭。它作为中国古代选举制度史的一个重要内容，近百年来，一直受到中外史学界的关注，至今仍是中国古代选举制度史研究领域的一个热点，有关它的起源也成为人们争论的问题。

科举制度诞生于什么时候？早在20世纪30年代中国学术界就有过一场争论。陈东原先生是最早对科举制进行考察的，他在《隋唐的科举制》一文中认为：隋代置进士科"与前代并无显然之变迁，不过进士科之名目，起于隋代。后世遂以其为选士制度划分之线耳"。显然他是认为隋代出现了进士科的名称，但在制度上并没有什么重要的变化。

此后邓嗣禹写了一篇名为《中国科举制起源考》的文章，寄给张尔田、俞大纲两位学者征求意见。不久，张、俞两位就复函谈了自己的想法。这三篇文章均刊登在1934年出版的《史学年报》第2卷第1期上。邓氏认为科举制度诞生于隋代。他认为考试制度和进士科的出现应当是科举制度起源的标志。指出：隋代取士，已有"公同考试之状"，"加以进士科，实始于隋……特因其制不彰不要备，仅具雏形，故谨慎作结曰：科举之制，肇基于隋，确定于唐"。张氏十分赞同邓氏的观点，还指出隋设有进士科是有明文记录的，科举制度创立于隋是确定无疑的。而俞氏则对隋置进士科存有疑义，认为隋唐虽然都设有进士科，但其实是名同实异，完全是两码事。同时，俞氏还反对以进士科设科年代作为科举制度诞生年代。他认为"投牒自试"才是科举制度起源的主要标志。这"投牒自试"其实就是自由报考，读书人不论出身、地位和财产，均可报名参加考试，不必由官吏推荐。"投牒自试"始于唐代。

这样，科举制度起源的时间就出现了隋代与唐代两种说法并存的局面。不过，当时的大多数学者，都支持科举制起源于隋代的说法。这种说法逐渐在国内史学界成为定论，贯彻于大、中、小学的教科书中。

近年来，关于科举制度产生的年代，主要有以下几种观点：

最传统的观点，即科举制度始于隋朝，但这其中又分为开皇说与大业说。有学者依据《旧唐书·房玄龄传》的一段话推断科举制度始创于隋文帝开皇七年（587）："房乔，字玄龄……年十八，本州举进士。"《新唐书》也说："年十八，举进士。"参证房玄龄的墓碑，也有类似记载："年十有八，俯从宾贡。"如此房氏十八举进士应该是可信的。从他的年龄推断，房玄龄十八岁时为隋文帝开皇十六年（596）或十五年（595），其时他登上了进士第，所以进士科肯定已经出现了。开皇三年（583），隋文帝在地方行政机构中裁省了郡一级政府，实行州县两级制。炀帝改州为郡，实行郡县两级制。由于不同时期行政机构的名称是不一样的，炀帝时不可能用"州举"的字样，文帝开皇三年以后也绝对不会用"郡举"，故房玄龄为进士必在隋文帝开皇三年以后。又开皇七年文帝下制诸州岁贡三人，所以一般认为这年是科举的创立年。

这种观点得到了许多人的支持。如吴宗国《唐代科举制研究》认为"隋文帝时常贡的科目，主要有秀才和明经"，不过这两科"在当时实际政治生活中都起不了什么作用"。隋炀帝在保留秀才、明经科的同时，新设立了进士科，使秀才、明经和进士三科并立的格局有了新的意义。在一些具体问题上一些学者略有不同看法。台湾学者高明士认为开皇七年有三科是正确的，但当时制度初创，开皇七年建立的是秀才、明经和宾贡三科，"而新义就在于宾贡科的创置"。到炀帝时变宾贡科为进士科，又增置俊士科，成为四科制度，沿袭至唐初。唐中叶以后，进士科一枝独秀。

有人认为科举制创立的年代是隋开皇十八年（598）。因为这一年隋文帝曾下诏说："京官五品以上及总管、刺史并以志行修谨、清平干济二科举人。"有人认为这才是科举确立的年代。

也有人认为隋炀帝大业年间始置进士科。其根据是《大唐新语》"隋炀帝改置明、进二科"、《唐摭言》"进士，隋大业中所置也，如侯君素、孙伏伽皆隋之进士也明矣"和《通典》"炀帝始置进士科"等语。《旧唐书·薛登传》说左补阙薛登在武则天天授年中任左补阙，曾上疏要求革除选举弊病。疏文中提到："炀帝嗣兴，又变前法，置进士等科。"薛登之后的七十余年，唐代宗宝应二年（763），礼部侍郎杨绾在上疏中也说："进士科起于隋大业中，炀帝始置时士之科，当时犹试策而已。"进士科始于炀帝改制的观点得到了一些人的赞同。南宋朱熹不仅肯定进士科创设于隋朝，而且还明确了具体时间为炀帝大业二年（606）。1920年出土于洛阳的隋北地太守陈思道墓志残文云："公弱冠及进士，授北地太守，迁谏议大夫，以大业二年卒。"有学者据此推断，既然《通典》和《摭言》等书皆云进士科始于大业，陈思道及第必为元年。也有人指出，隋炀帝定十科举人，其中有"文

房玄龄

才秀美"一科,当即是进士科。炀帝本人是文学家,创立进士科,以考诗赋为主,是不足为奇的。前面提到的邓、张两位学者也是据此而提出科举制度始于隋代。

当代的一些教育史和通史有很多采用了这种说法。如毛礼锐的《中国古代教育史》中说:"隋炀帝大业二年,始置进士科,这便是科举制度创立的开始。"

另一种观点认为科举制始于唐代。唐武宗时宰相李德裕说:"李唐御弘,艰阙制度,立进士之科,正名也;行辞赋之选,从时也。"唐宣宗时右补阙裴庭裕也说:"大中十年,郑颢知举后,宣宗索《科名记》,颢表曰:自武德已后,便有进士诸科。"今人何忠礼先生在《科举制起源辨析——兼论进士科首创于唐》一文中,概括科举制度的三个基本特点:第一,读书人参加科举考试,原则上允许"投牒自进",不必非得由公卿大臣或州郡长官特别推荐;第二,"一切以程文为去留",也就是说,录取与否全凭考生所写的试卷,并且必须通过严格的审核和校对才能决定;第三,以进士科为主要考试科目,并且定期举行考试。他还特别强调指出,第一个特点"应是科举制最主要的特点,也是与荐举制最根本的区别"。他认为科举制的萌芽与产生不仅有量的区别,更有质的不同,同时还否定了进士创置于隋代的观点。他指出人们经常引用的两《唐书》中有关房玄龄"年十八举进士"的记载是不可靠的。

持这种观点者认为将房玄龄墓碑中的"俯从宾贡"看成是赴"贡举",又解释为是"举进士",并不正确,史言他十八岁举进士是不可靠的。薛登是最早提出进士科创立于隋朝的,但并没有其他的资料可以证明。薛登以后主张的大业说,没有一个超出他已经说过的范围,都是沿袭了他的说法。进士科是以考诗赋为主,但这是唐代的事情,拿隋炀帝爱好诗赋来推断他首创进士科,肯定是不能成立的。《唐摭言》上谈到的侯君素和孙伏伽,前者是隋的秀才而非进士,后者是唐武德的进士而非隋进士,说隋朝有进士是不能成立的。

但持相反意见者认为,薛登之说并非孤证,唐高祖武德四年(621)就曾有个敕令说:"诸州学士及早有明经秀才、俊士、进士,明于理体,为乡里所称者,委本县考试,州长重覆,取其合格,每年十月随物入贡。斯我唐贡士之始也。"唐高祖是现存最早承认进士科创置于隋朝的人,比薛登早得多了。

也有人认为汉代的科目与唐宋科举是一脉相承的。他们提出了与隋、唐说截然不同的汉代初创说。《历史研究》1990年第5期刊登了徐连达、楼劲《汉唐科举异同论》一文,认为汉唐科举是一脉相承而无本质不同的。在科目、组织步骤和考试环节三大要素上,汉代的察举与唐代的科举基本一致,都是朝廷统一部署下以按科取试进用为特征的官僚选拔制度。因为汉、唐两代的选举制度都有分科取士和考试的情况,所以他们认为汉代实际上是科举制度的初创期,而唐代则是科举制度的完善期。其实,早在宋代,此种说法就有人提出过。宋人章如愚《群书考索·续集》卷三十八《选举》中提到:"科目肇于汉,兴于隋，著于唐而备于宋朝。"认为汉代科目与唐宋科举是一脉相承之制。当然，主张汉代初创说的人，在国内还只是少数。

纵观以上各种观点，读者不难发现，造成科举制诞生于何时的诸多分歧与争论的原因，实在是由于各位学者对判断科举制度形成的标准的不同。因此，有学者提出科举其实有广义和狭义之分，广义的科举指分科举人，应始于西汉；狭义的科举指进士科，始于隋炀帝大业元年（605）设立进士科。有人认为"投牒自试"是判定科举制成立的标志，而隋代的进士科虽有策试，但没有一位是自由报名投牒自试的，因而隋代进士科大约仍是察举科目。

我们根据学术界存在的这些观点进行一下总结，可以看到认为设置进士科是科举制度诞生标志的学者，大多得出科举制起源于隋代的结论；以"投牒自试"为科举制诞生标志的学者，都会有"唐代是科举制起源"这样的结论；而科举肇于汉代的说法，则是在以分科取士为标准的基础上产生的。

要在短时期内得出科举制度诞生于何时的结论，看来还是比较困难的。要解开科举制度诞生之谜，毫无疑问还要耐心等待一些时日。

唐代庄园之谜

孟浩然有一首《过故人庄》，讲述了庄主人的热情好客，秋后的农村是一片美丽的田园景色。像这样的农家庄园在唐代武则天以后是相当普遍的。然而众所周知，中世纪的西欧也存在着大片的领主庄园。那么，此庄园是否彼庄园呢？

"故人具鸡黍，邀我至田家。绿树村边合，青山郭外斜。开筵面场圃，把酒话桑麻。待到重阳日，还来就菊花。"孟浩然一首《过故人庄》道出了庄主人的热情好客，画出了秋后一片美丽的田园景色。如此美丽的庄园出现在唐代，多少有点令人意外。自唐高宗、武周以后，随着均田制的破坏，在全国范围内如雨后春笋般地出现了一些私人田庄，其名称除了叫"庄园"外，当时还称作"田园""田业""庄田""别业""别墅""山庄"等等。

历史学家们对庄园的理解各有千秋。有人认为庄园的本来意义是城外的别墅，它是具有林泉台榭等专供王公贵族游憩的地方。而唐代的庄园常包括有田产，后来就泛指一切田产，因而作为私人花园的意义就少了许多。也有人认为唐代的庄园、庄田指住宅、田地，或指地主经营土地的据点，或指村庄。还有人认为庄与园是两个不同的概念：园指"玩赏的园地"，庄为"官僚地主的别墅或带有园林的山居"。另有学者对隋唐五代传世文献中出现的

"庄""庄园"名称进行了分析，认为正史中它们都代表了同一含义，可以互换，诏敕中它们一般都是农田的同义语，别无他意。而敦煌文书中出现的"庄"等名称，多数即指田地，或田土、田宅，与一般的田产、田宅并无不同。

其实，庄园在唐以前就有。据唐史专家考证，最早的"庄"是东魏祖鸿勋在范阳雕山的山庄。至唐初，均田制下官吏都授永业田，勋官还授勋田，都传给了他们的子孙。经过百年左右，随着李唐王朝官僚机构的不断扩大和官吏人数的膨胀，政府授给官吏的永业田更多，加上政府赏赐的"赐田"，渐渐地就都变成了其子孙的私家田庄。而庄园发展的另外一个途径就是政府屡禁不能止，反而到高、武以后日益激化的土地兼并，地主、官僚、商人多利用政治权势掠夺、抑买大量百姓良田来扩充其田宅。据《旧唐书》载，太平公主的田园就"遍于近甸膏腴"，而当时的大商人邹风炽，"邸店园宅，遍满海内"。另外，有观点认为，当时在土地关系中存在着一种小租佃制，其发展成为土地兼并日盛的催化剂。唐政府在均田制授田过程中，由于地段过于分散，均田农民不能照顾分得过远的土地，不得不把一部分分散的土地转租给他人。也有一部分均田农民由于非常贫穷，不得不把他们的口分、永业田典贴给另外的富裕农民，但这是不合法的，于是就以租佃的形式使其合法化，这样就助长了兼并之风。到两税法之后，永业田、口分田的租佃、买卖更是无所限制。在这种情况下，无论是官僚大地主，寺院的僧侣大地主还是一般的地主，都在贪婪地不断兼并掠夺农民份地的过程中扩充田产，最终形成庄园。

一般认为，唐代的庄园有官庄、皇庄，官僚和一般地主私家庄园以及寺院庄园之分。但也有人认为从文献中反映出，普通农民、士兵、商贾等的农田也有称为庄、庄田的。官庄和皇庄是由官田发展而来。官庄管理者称为宫使、园苑使或者庄宅使；皇庄管理者称为内园苑使或内庄宅使，多有宦官充任。官庄和皇庄一般将土地出租给农民，到期征收租米。但官庄、皇庄对佃户的束缚性较之其他庄园是很强的，因而招租时普通百姓都没有自愿应雇的，还需用政治力量来强迫。

官僚地主的田庄规模一般都相当大，贵族的赐庄由"庄吏"去管理；一般大地主的庄子，往往由贫穷的族人、亲戚或家人奴仆去照料。唐中叶以后发展起来的田庄，主要来源于陆续兼并均田农民手里早已分割得很零碎的土地。因而一个大庄主尽管拥有上万亩土地，但是很难连到一起。可也并非绝对的天南地北。往往大庄主在某一区域内的各地购置有田产，就在这些地方各置庄园，作为经营这些分散土地的据点。一切租佃手续的办理，庄租的征收，向政府缴纳两税，都在这里进行。每到收获的季节，有的庄主就从所居住的城市亲自下庄里或派人去了解年成的好坏（地主采用分成制向佃户收租），并向佃户、庄

户催收田租。

当时，寺院田庄的占地面积在全国范围内也是极其可观的。寺院庄园的来源主要通过赏赐、捐献、施舍及均田制下的授田等。寺院田庄有专司管理的僧侣，称之为"知墅""知庄"。有人认为，其经营方式以开元天宝为界分为两个阶段。唐前期，具有强烈的自然经济特点，依存于政权护持，恪守农奴式庄客耕作制，以庄客耕作为生产关系的主体。唐后期，由于均田制废弛，土地兼并合法化，新型寺庄普遍兴起，呈现出多途径广泛设置的情景，而普遍实行租佃制，则是其基本特征。

长久以来，也许因为名称相近的缘故，人们多把唐代庄园同日本、西欧的封建庄园制相提并论。自20世纪初，一位日本学者提出唐朝"庄园"说后，"庄园"是否可成为封建制"庄园经济"，在唐史学界引起了一场不小的争论。当时这位日本学者认为唐代的庄与欧洲的庄十分相仿，他认为"唐代的庄园和欧洲法兰克时代的庄园，具有全然相同的意义"。

起初，中外多数学者是持肯定观点的。他们多认为唐代庄园是一个包括多种产业的独立的经济单位，"大多数庄园，除了庄宅及其附近的田地以外，还包括有果园、茶园、碾硙、店铺、菜园、盐畦、车坊及山泽、森林这些生产资料，均归庄园所有"。其经济生活，也构成自给自足的闭锁集团，"不与外界来往，恰如一个消费共同生产共同的家族集团"。在庄园范围内，地主可以以绝对的权力，凌驾于农民之上。庄园主凭着占有的土地直接榨取农民，而且他也是庄园的直接统治者。庄园都是租给佃户或雇工耕种。在均田制破坏的过程中，农民们都沦落为庄园主的佃户和雇农，佃户或雇农必须向庄园主缴纳"庄租""庄课"或"租课"。"佃户在当时虽不能被任意买卖，但在经济和政治上所受的剥削和压迫，与农奴几无区别。他们是庄园主的'私属'，被束缚在土地上，对庄园主构成人格上的依存关系。"即认为地主对庄园内的佃户或佣工，有政治上之统治及法律上之裁判权。从而认为唐代庄园和西方中世纪的庄园基本一样。

持这种观点者一般都认为均田破坏的过程就是庄园越来越多的过程，并最终代替了均田制，成为普遍的土地所有形态。也有人指出唐代的庄园中还存在着奴隶制度的残余。庄园的奴婢没有生产、生活资料和人身自由，而且可以买卖。

有一些人肯定唐代存在着庄园制，但认为唐代的庄园和欧洲的庄园有着较大的不同，农民转移和土地的买卖是其基本区别，因为欧洲中世纪的领主庄园是不可买卖的，农奴完全依附于土地。由于这个特点，唐朝庄园的自给自足性不像欧洲那样顽强。唐朝的庄园内部虽有分工，以自给自足为主，但和市场仍有一定的联系。庄园内进行集约经营，除生产粮食外，还从事不少副业和手工业，不少庄园主还兼营商业，因此工商业在庄园经济发达的基础上也继续发展起来。

也有众多相对立的意见的存在，很多人认为唐朝根本不存在庄园制。唐朝的庄并不是包括了多种产业、完整的自给自足的经济单位，当时的庄不过是一定数量的田地。唐朝的庄园和欧洲庄园是大相径庭的，佃客也不是农奴，不是庄园的私属。所谓的庄园制，无论在政治上还是在经济上都具有相对的独立性，大庄园本身不仅是一块大地产，而且内部具有一整套生产体系和经济制度。而唐朝没有庄园制所具备的一整套经济结构和生产制度，地主的土地集中一处形成大田庄，或分散各处不能形成大田庄，都是采取分块出租的方法，因而称之为庄园制是明显错误的。

也有人承认唐代的庄园是在均田制破坏的过程中普遍发展起来的，但唐代庄的田产是分散的，根本无法构成完整的封建庄园组织。

有观点从唐代庄园的结构分析，认为当时全国多数"庄园"里，不可能包括多种产业。以茶园为例，《新唐书·地理志》等文献记载，当时全国三百五十个州，产茶州仅六十多个，并且十之七八在江南。而从全局看，当时的"庄园"最多集中在长江以北，因而全国大多数庄园内不可能有"茶园"。而且由于土地分散，唐代庄园不可能形成像西欧领主庄园那样整套的生产结构。当时庄园以生产谷物为主，也有副业和手工业，不少庄园主还兼营商业。在有些大地主或寺院的田庄中也有水碾、水碓等，但它们并不完全用于加工自己田庄的谷物，同时也替附近居民加工，因而可看作是地主、寺院附带经营工商业的一种手段，而不是如欧洲那样自给自足的领主庄园的整体的有机构成部分。从另一方面来说，唐朝是封建经济高度发展的国家，全国城乡联系相当密切。当时，粮食、纺织品、茶叶、生产工具等，在全国流通广泛。因而，唐朝多数田庄，都被卷入全国物资交流市场。封闭的自给自足的封建庄园，在当时没有存在的可能（少数民族除外）。

唐代庄园的地租形态基本上是实物地租，劳役地租比较少。庄客除缴租外，只负担一部分劳役或者不负担劳役。这些庄客的经济和社会地位低下，但对地主的依附性并不像欧洲领主庄园那样强，并没有完全成为地主阶级的"私属"。唐朝是中央集权国家，人身统治权属各级政府机关，各庄园的庄主没有行政权、司法权，这与西欧领主庄园制中领主与庄客的关系是截然不同的。

从另一角度讲，学者们对唐代庄园经济是否可称为一种"土地所有制形态"也存在着争议。在唐代庄园问题刚刚被提出时，一直是作为一种田制，同均田制一起被学者们研究的。他们认为庄园是均田制破坏后的封建土地所有制，即地主经济的主要形态。此后有学者经过分析庄园的种类，最后得出结论：在庄园经济下，国有制仍居支配地位，私placeholder地通过契约关系出租，而个体小农的数量仍很多。有人提出唐代的田庄不是一种土地所有制，而是地主经济的一种经营方式。并且，这种方式是"适应中国地主经济，尤其是大土地所有者地权集中，地面分散这一国情的"，因而能够在当时政局日渐不稳定的情况下促进地主经济的发展。唐宋时期的地主庄园，不但没有制度化，而且没有表现出有走向制度化的趋势。

討论仍在继续，并且推动着研究的不断深入，然而唐代庄园的真实面貌还是无法认清。此庄园是否彼庄园，看来仍然有待于更新的研究结果了！

唐代飞钱之谜

　　唐代中期以后，在商业交换领域出现了飞钱。很多人认为这是唐代商品经济发展的结果，事实果真如此吗？飞钱是不是商人根据实际需要为了携带方便创设的？飞钱是中国历史上最早的一种纸币吗？大家对这些问题仍然争论不休。

　　唐代中期以后，在商业交换领域出现了一种飞钱。《新唐书》是这样描述的："时商贾至京师，委钱诸道进奏院及诸军、诸使富家，以轻装趋四方，合券乃取之，号飞钱。"唐代各道的地方政府在京师长安均设有办事处，叫进奏院，专门与中央政府联络，因此需要很多的钱用。而各地的商人们在长安出售货物后如果不愿携带现钱回家，可将钱交给他所居住的道驻京的进奏院，由进奏院发行一张票券，叫文牒或公据，并一分为两半，半张交商人，另半张由进奏院寄回本道的有关机关。当商人返回家乡，到各道的有关机关，两张半券合起来核对无讹，即可领回货款。这种飞钱方式也叫便换，大概有方便换钱的意思。由于资料记载散见一些史书，所以人们比较注意这一问题。不过从大家的认识来看，仍有许多问题争论不休。

　　飞钱是谁创设的？

　　有人认为飞钱的经营以唐宪宗元和七年（812）作为分界，这年以前是自由经营时期，经营机构为诸道进奏院、诸使和富家。但元和六年（811）二月，京兆尹裴武请禁与商贾飞钱，并且搜索诸坊，十人为保，这以后私人是不能经营飞钱了，只有政府的户部、盐铁、度支三司才有权经营，所以有人称之为政府独营。按这样的观点，飞钱最初是私人设立的，之后才有政府经营。也有人认为飞钱是商人从实践中发明的，有人认为飞钱是为了解除商人往返贸易中携带货款的不便而由私人创设的一种措施，经营汇兑的是各道的诸军诸使和豪商大贾。他们认为飞钱是私人设立的主要原因是元和六年政府曾"横加禁止"私人和节度进奏院经营飞钱业务，甚至有人说："长安政府反对这种便利商业活动的汇兑，也像它对整个商品货币关系的发展抱反对的态度一样。"

　　笔者在20世纪90年代初期曾经撰文认为这种观点是不能成立的。元和六年政府禁断飞钱前，政府的飞钱早已出现。因为元和七年七月，度支户部盐铁等使奏章中已有"伏请依元和五年例，敕贯与商人对换"的句子，说明政府的便换早在元和六年前已经出现。政府在元和七年明说：以前招收的飞钱商人，每贯加饶一百文换钱，到了现在已无人情愿。这里可以见到政府的一些做法，他们一方面禁止现钱出境，另一方面通过迫使商人要想兴贩只能到三司去便换，并且还想从商人身上每贯得到加饶一百文钱，这是一种露骨的剥削，自然遭到商人的抵制。因此各道节度和私人飞钱乘机出现，估计他们的做法都是"敌贯"对换的，如此一来，私人飞钱严重地冲击了政府飞钱，因而至元和六年政府就加以禁止，实际上是想用行政手段保证独家经营的垄断地位。此后仍有飞钱，其实已经说明了这一问题。

飞钱的利用者和飞钱的使用区域，人们也有不同看法。有人指出，便换现钱不限于商人，任何人都可以通过这种汇兑办法来向异地转移财富。一些日本学者认为飞钱的利用者是以南方茶商为主的商贾。飞钱使用的区域，以江淮两浙最为盛行，蜀中次之，北方因临近京师反而甚少。但也有学者认为事实并不是如此。在今存资料中，我们基本上可以看到，飞钱的商人一般都是茶、酒之类的官榷商人，很难说普通的商人也能至三司便换。《因话录》上有一则故事，讲一个人在外做生意，有了数百缗钱，"祈所知纳于公藏"，然后持牒回家，这就是所谓的便换。这人半路上与人喝酒，酒醉时对人说自己的背囊中"大有好物"，为边上的一个强盗听见。到了夜里，强盗将他杀后拿到了背囊，本以为有钱，打开一看却不见有值钱的东西，"投牒于水"。这则故事告诉我们，这个商人是通过内部关系才能便换的，如果没有关系不见得就能持牒以归了。而那个强盗抢到了背囊却不知道牒就是钱，反而把它一扔了之，以为它是无用之物。因此是不是人们都能通过汇兑转移财富，实际上已经很清楚了。

飞钱为什么偏偏在唐代中期而不在其他时间出现？

很多人认为是由于运送现金不便的缘故。这种观点流传很广，现多数教科书都以此为准。如傅筑夫先生认为铜钱的单位价值不高，而又体积沉重，不能随身携带，"为解决货币远程流通的困难，唐代商人从实践中发明了一种汇兑办法"。不过有人马上提出了疑问，北宋经济较唐朝中叶的经济更为发达，商业也比较发达，而飞钱这种服务于商业的汇票工具，却逐渐趋于衰落，至南宋、元、明朝中叶之前，基本上不存在飞钱，它在整个经济生活中的作用难以发现，因此商人携带现金不便才产生了飞钱的说法是不能成立的。

有人认为飞钱发展的原因是唐代货币经济发展的结果。货币经济的发展促使远距离间钱货输送量的增大，从而促使飞钱的发展。其次在中晚唐藩镇割据的历史背景下，钱货运送携带既不方便而且十分困难，既有运费很高，所需时日很长，又有盗掠的危险以及中央政权对现钱运送出境的限制等等，因此也导致了飞钱的发展。

不过有人认为将飞钱（便换）归诸晚唐商业的繁荣是不正确的，飞钱的出现与其说是商业繁荣的结果，毋宁说是由于商业受到阻碍而造成的。实行这种制度的目的主要不是服务于商品流通，而是为了解决钱币不足与财政困难。就唐代而言，生产最发达，商业最繁荣的时期是以开元、天宝为标志的盛唐，但那时却没有出现汇兑。安史之乱以后，生产凋敝，农工失业，在社会动乱的情况下却产生了飞钱。所以单纯用商业繁荣来解释这一制度，于情于理是说不通的。当然商业的需要毕竟还是产生飞钱的一个客观条件，但这种需要并不是由商业的繁荣导致的。

有人指出，肃代两朝因钱币处理不当引起钱荒而禁钱出境，是飞钱出现的主要原因。笔者认为，飞钱最早见于资料是唐宪宗元和五年（810），而之前的唐德宗贞元时期出现了钱重物轻的局面，货币短缺十分严重。为此政府下令杜绝销铸钱币的现象，不久又禁止现钱出境。然而一旦禁止现钱出境，意想不到的是"课利有缺，商贾不通"，所以政府又不得不任现钱往来。不久，京师商人带了钱到四方贸易，使得长安的钱币更加缺少，政府再次下令禁止现钱出境。至贞元二十年（804）时，还下令市井交易时以绫、罗、绢布、杂货与钱兼用。很明显，飞钱的出现与贞元及元和初年货币短缺的情况是紧密相关的，政府既要禁止现钱出境以保持长安的货币量，又要使商人贩运流通以不妨碍正常的商业交易，为解决这一问题，政府遂决定采用便换这一形式，以期做到既禁止大批货币的流散，把货币的流通控制在政府手中，又使得商业贩运能正常地进行。

有人强调指出，唐朝中叶出现了从未出现过的钱币缺乏问题，这种钱币缺乏导致了唐贞元年间的通货回缩和价格回落。为了保持关中有足够货币数量，政府一方面禁止货币出境，另一方面又禁止铸铜为器。加上唐代中晚期节度使权力膨胀，更促使了飞钱的产生，这才是唐代产生飞钱的真正原因。飞钱不是因为商品交易不便引起的，而是由于钱币缺乏，为解决这一问题所采取的禁止钱币出境的产物。因此，唐代的飞钱是带有政府性质的。

也有人指出，飞钱出现的原因有很多，有着综合的因素。唐代的商品生产与商业有较大的发展，促使货币经济也发达起来。但唐代继承了魏晋南北朝以来货币流通方面的遗产，钱帛兼行，这主要是由于钱币不足，不得已而为之。唐德宗建中初实行两税法改革，采用以钱定税，扩大了货币流通的范围，增加了对货币的需要，但流通中的货币并未增加，于是出现了钱荒。这样，中央和各地州县均禁钱出境，结果妨碍了正常的商业和商品流通。唐代商业较为发达，当时大宗交易的商品有绫绢、茶叶、羊马、米粟等。如北方及西北并不产茶，于是京师商人需要大量现钱去南方贩茶，而川蜀和东南的茶商来京师售货后也需要将钱带回去，但由于各地因钱荒而禁钱出境，在这种情况下，飞钱这种汇兑事业也就应运而生了。

飞钱是不是一种汇兑制度？《辞海》认为这是唐宋时的一种汇兑方式。有人认为这是一种雏形的汇兑制度，委托汇兑者是到京师贸易的商人，受托者包括官办私营、私办私营两类，后来三司加入其中。飞钱无汇费，受托者以之进献或充高利贷而获利。有人认为飞钱经营的方式是不一样的，具体有三种情况，如京师开出汇票，于地方州府支付；地

唐·金团花纹把杯

方州府开出汇票，于京师支付；地方州府开出汇票，于其他州府支付。这种经营方法来自民间寄附铺（柜坊）的"存物取钱"，由"存物取钱"的票据之制演变而成为便换之法。进奏院、诸军诸使的便换以及"保管支钱"的业务乃是模仿民间寄附铺的做法而来的。有人指出，唐代的飞钱运行方式，一般都是平价汇兑，不收汇费或手续费。飞钱大多是一种异地兑现的票券，很像现代邮局汇钱的方法，只不过那时尚没有邮局罢了。中国的一些经济史著作中都将飞钱看成是一种汇兑制度，如此，飞钱就是一种汇票。

有人进而认为飞钱是一种纸币。韩国的一本《钱币史话》中认为中国的纸币流通始于唐代。当时使用青铜制造的铜钱作为货币，但由于铜钱的面值小，需要量大，给商业贸易带来很大不便。并且铜钱必须使用马车运输，途中经常遭到强盗的抢劫，于是作为铜钱的替代品，"一种纸做的叫作飞钱的票证开始在中国商人中间流通。在商品交易过程中，由于这种飞钱相当于和它等额的铜铸货币，携带方便，不为盗贼所注意，因此使用起来比较安全。这就是中国最早的纸币"。

中国的大多数学者认为纸币最早应该是宋代的交子。从飞钱的运行方式来看，飞钱是一种汇兑的方式，公牒或公据仅是一种汇票，合券取钱，并不是纸币。纸币是一种异时兑换的票券，而且它在一定时期内可以代替货币进行流通，起货币流通手段的职能。而唐代的飞钱，无论是文字资料还是实物资料，均不能证明它曾经进入过流通，在商品交换中起过货币的流通手段的职能。宋代的交子最初由商人发行，可兑现，也可以流通转让，后由政府发行，且有现金准备，三年兑现一次，换发新交子，称为"一界"。它在三年内可替代货币，起流通手段的职能。不过飞钱已经有了应用纸币的原则，是纸币的滥觞，但其本身还说不上是真正意义上的纸币，所以《宋史》说："会子交子之法，盖有取于唐之飞钱。"

看来有关飞钱的一些问题，实际上仍然没能好好地解决，有待于后人的努力。

西安雁塔之谜

大、小雁塔是唐都长安保存至今的两座著名佛塔。大雁塔宏伟沉稳，小雁塔挺拔清秀，令人神往。两塔身上，充满着一个又一个的历史之谜，让人遐想，让人牵挂。两塔的名称从何而来？大雁塔到底有几层，为何是倾斜的？小雁塔为什么会裂开，又为什么合拢了？

唐朝建都长安，宏敞的楼台馆阁建了不少，其中大小雁塔是代表性的建筑物，保存至今。

大慈恩寺是唐长安城内最著名、最宏丽的佛寺，它是唐代皇室敕令修建的。大雁塔位于慈恩寺内，该寺是唐高宗李治为追念他的母亲文德皇后修建的皇家寺院，始建于永徽三年（652）。贞观十九年（645），玄奘由印度取经回国，先在弘福寺译经。慈恩寺建成后不久，唐高宗令高僧玄奘移住寺内译经。玄奘创立了法相宗，还为保藏佛经请求在寺内建塔。塔仿西域佛塔形式，有人认为当时最后一层作成雁形，因而名曰"雁塔"。共七层，高六十四米。每层都能凭栏远眺四方，北面的长安城，南面的曲江风景和终南山，可以尽收眼底。塔呈方形角锥状。塔身为青砖砌成，各层壁面作柱枋、栏额等仿木结构。每层四面都有券砌拱门。这种楼阁式砖塔，造型简洁，气势雄伟，是我国佛教建筑艺术的杰作。塔上建有相轮、露盘，每层贮藏佛经。塔下南门洞两侧壁间嵌置太宗所作《大唐三藏圣教序》碑，褚遂良书写，人称"雁塔圣教"，是书法中的精品。塔西门上楣刻有"释迦说法图"，以阴线刻画，线条遒劲有力。由于该塔较荐福寺塔更大，故称大雁塔。唐代学子考取进士后，都要登上雁塔赋诗，并留名于雁塔之下，号称"雁塔题名"。

小雁塔在今陕西西安市南荐福寺内。寺创建于唐文明元年（684），初名献福寺，是为唐高宗献福而建立的寺院。因比慈恩寺大雁塔小，故名小雁塔。塔身为密檐式方形砖构建筑，初为十五级，后经多次地震，塔顶被震塌，塔身破裂，现余十三级；塔基座亦呈方形，塔底层每面长十一点八三米，通高四十三米，型体秀丽美观。小雁塔内有一口金代铸成的大铁钟，钟声清脆悦耳，十公里之外都听得清楚，人称"神钟"。钟高四点五米，重十吨，上面刻有"皇帝万岁，臣佐千秋，国泰民安，法轮长转"十六字吉祥语。据说如果友人思念远方的亲人，只要把亲人的名字和去处写在一张黄笺上，钟声就会把思念之情传到千里之外的亲人耳中，因此"雁塔晨钟"被誉为关中八景之一。

两座举世闻名的雁塔，却存在着一个又一个的谜团。

大、小雁塔的名称来历是什么？自唐以来，众说纷纭。

有人认为这两座塔是为了诚心修行的佛祖释迦牟尼而建的。释迦牟尼成佛之前，曾和云僧在深山一起潜心修行了很长时间。一年夏天，山洪暴发，冲毁了桥梁，淹没了道路，深山与外界隔绝。存粮吃尽后，大家开始绝食。时间一长，有的和尚忍受不了饥饿的煎熬，陆续离开这里，寻求别的生路去了。到了第十天，只剩下了释迦牟尼一个人了。但他心志不移，仍然闭目诵经。突然，远处传来几声雁鸣，释迦牟尼抬头一看，一群大雁正从空中飞过。就在大雁飞到他的头上时，有两只突然从空中坠落下来，掉在他的前面。他一阵惊喜：十天没有吃饭了，这两只大雁要是烧熟了，该是多好的一顿美餐呢！但又一想，大雁怎么会突然掉下来呢？是不是来试探自己的诚心？想到这里，他抑制住饥饿，把两只大雁埋在高地，又继续诵经。后来在埋葬大雁的地方修建了一座塔，称为雁塔。正是凭着一颗诚心和韧劲，释迦牟尼终于修行成功，成为功德无量的佛祖。后人为了纪念他"十日绝粮、不动初念"，就模仿雁塔又建造了一座塔。为了区别这两座塔，人们把释迦牟尼的塔称为大雁塔，把后来建造的塔称为小雁塔。这个故事流传得最广，相信的人最多。

一些人对这种说法不以为然，认为事实根本不是如此。有人认为西域建塔，一般最下层都是为雁形的，玄奘在西域时，看到过众多这种结构，因而回来后就仿照西域塔形建造，当时称为雁塔。也有人认为建塔时恰好有大雁飞过，折翅坠落而死。建塔的僧人将大雁葬于塔中，塔因而得名。也有人认为，塔刚建成时，还没有命名，忽然一群大雁飞至塔顶上，后来又飞走了，人们受到启发，因而命名。更有人认为释迦牟尼身本为鸽，鸽与雁同类，但唐朝人风俗崇尚大雁，只要是谈到鸟，多以雁代之，因而建塔时也就以雁名之了。

雁塔名称的真正来历，可能已很难说清，令人琢磨不透。其实两塔身上的奥秘有很多，令人称奇。

大雁塔到底有几层？据史书记载，玄奘根据西域的经像修造的大雁塔一共只有五层，但今天的大雁塔却是七层。大家都知道在历代战火中，大雁塔多次受到破坏，又不断被修葺，高低层次不断有着变化。但究竟是五层加上了两层变成七层，还是塔本来就七层，大家的看法有着很大差别。

有人说初修时的五层宝塔，到了武则天时重修，增高为七层。此后受到兵火破坏，只存七层六十四米了。那么这兵火破坏是在什么时候？唐玄宗天宝十一载（752）秋，岑参、高适等人曾一同登上大雁塔作诗应和，岑参有诗说："四角碍白日，七层摩苍穹。"说明这个时候的塔已经是七层了。如此说来，战火是出现在这段时间内。不过这段时间长安城并没有遭到大规模的战争洗劫，仅发生过几次宫廷政变，要说火烧宝塔多少有点奇怪，再说史书也没有记录。

有人认为武则天时的修塔只是将塔改成方形楼阁式的七层，把登塔的楼梯改造了一下。至唐代宗大历年间才改成十层。此后又遭到战火的破坏，十层才剩下七层。代宗时新考中进士的章八元有首《题慈恩寺塔》诗说："十层突兀在虚空，四十门开面面风。却怪鸟飞平地上，自惊人语半天中。"这样说来，代宗时新及第进士到雁塔题名，看到的是十层宝塔，不是只剩下七层的宝塔。

有人对上述两种相矛盾的说法考证一番后认为，大雁塔在武则天时进行了改建，但只增加了两层，成为一座七级宝塔，根本不是十层。所谓大雁塔曾有十层的说法，纯属后人附会臆造，是根本没有的事实。岑参的诗是比较写实的，而章八元的诗是在凑数字，"十层""四十门"都是虚指，主要是为了读来上口的缘故，这样的整数意思是指很多，在古人的诗歌中是一直使用的，我们不应拘泥于诗中的具体数字。北宋宋敏求编纂《长安志》时只说武则天对大雁塔进行了改建，而没有讲到修成了几层。之后的张礼在《游城南记》中说武则天将塔加至十层。宋敏求作史书，十分严谨，没有说修成几层，而张礼写的是游记，可以算是文学作品，

唐·馏金
三钴金钢杵纹瓶

却说出是十层，这是难以令人信服的。推测他或许有可能是根据章八元的诗写成的。再说从现存的宝塔来看，从底座到塔顶，成一尖锥状体，线条自然流畅，层层收缩，最高的一层已经很小，倘若上面再要加三层，这简直是不可想像的，与中国古塔的楼阁式形状也不相符合，中国古建筑追求的外形舒展韵味根本表现不出来。

大雁塔为何是倾斜的？ 今日的大雁塔平面呈正方形，七层六十四米，因耸立在一高地上，远望高入云天。唐朝就有人作诗说："塔势如涌出，孤高耸天宫。"还有人说："高标跨苍穹，烈风无时休。"塔自第一层开始，每层显著向内收缩，形如方锥体，基大顶小，照例说是十分稳固的。1963年10月，西安市测量队对大雁塔进行了测量，令人意想不到的是塔身竟然向西北偏斜了七百一十一毫米。大雁塔成了一座斜塔！ 1984年，有关部门再次对塔进行测量，这次测量的结果更是令人惊异，塔身向西偏了约八百六十六毫米，向北偏了一百七十毫米，倾斜偏心约九百零一毫米。1988年再测，塔中心轴线向西北方倾斜了九百九十八毫米。此后三年测量人员发现塔基还在变化，出现不均匀沉降，塔身下沉了三百三十五毫米，并继续向西北方倾斜了四毫米。

大雁塔不断向西北倾斜的原因是什么？ 有专家根据大雁塔所处的地理环境和其他原因综合分析，认为塔附近的地面下沉是引起倾斜的主要原因。他们发现，大雁塔一带的承压水在20世纪60年代后期出现很大的下降幅度，在塔北的一公里处有一条东西走向的沉降槽，而大雁塔正处在沉降槽的中段，位于南部边缘的土梁上，毫无疑问地层的南北差异沉降使地面发生倾斜，带动了大雁塔也向西北倾斜，从而造成在70年代时倾斜日趋加剧。专家们担心，如果按地倾斜角十八点七秒推算，塔身每年会向北倾斜五毫米半，这的确是十分可怕的。也有专家认为这完全是杞人忧天。因为根据十多年的连续观察，实际上塔身的倾斜度是很小的，基本上是每年只有一毫米左右。人们常说"长安自古西风雨"，也说不定是唐人建塔是有意将塔建成倾斜，在西风雨的吹打下慢慢地会不倾斜呢。

小雁塔也充满着神秘的色彩。塔初建时十五层，但到了明代嘉靖三十四年（1555），陕西发生地震，塔被震毁了两层，今天只有十三层。根据一些史料记载，塔身中间曾被震开多次，但后来又奇怪地复合了。至今我们仍能看出合拢后的痕迹。为什么会是这样的？

在小雁塔塔身第一层门楣上，今天仍能看到明代有位叫王鹤的人在嘉靖三十年（1551）写的题记："明成化末，长安地震，塔自顶至足，中裂尺许，明彻若窗牖，行人往往见之。正德末，地再震，塔一夕如故，若有神比合之者。"在三十多年的时间中，小雁塔先是自上至下出现了一条一尺多宽的裂缝，之后又奇怪地合拢了。

小雁塔第二次分合出现在第一次合拢的三十多年之后。在清代一个叫贾汉复的学者的书中，有一段这样的记载："荐福寺塔……嘉靖乙卯地震裂为二，癸亥地震复合无痕。"嘉靖乙卯年是1555年，癸亥年是1563年。看来这次开裂只存在了八年，之后又复合了。

第三次离合出现在清代，钱咏的《履园丛话》中记道："康熙辛未塔又裂，辛丑复合，不知其理。"辛未年是1691年，辛丑年是1721年，复合相距三十年。至于复合的原因，清人也是一头雾水。

小雁塔的第四次裂开不知始于何时，也没有著作记录。新中国成立后，许多人亲眼看到了塔裂开的样子，据说裂口有一尺多宽。今天我们已看不到这个裂口，那是因为有关文物部门进行整修的结果，是人为的合拢。

一些人认为，小雁塔之所以多次裂开，主要是其结构上存在着较大的缺点。塔向上所开小窗南北相对应，从上到下一长串，整体结构上的牢固性当然是大受影响。之所以裂开后没有倒塌，可能是在于它有一个十分坚固的半圆形的塔基的缘故。那么它又怎么能自动合拢呢？有人指出，小雁塔的离合与西安地面裂缝的出现和消亡是相一致的，说穿了是地壳运动在不同物体上的不同表现。地裂塔也裂，地合塔也合。大部分的情况下，地壳裂开时比较突然，而合拢就显得十分缓慢，表现在小雁塔身上也是如此。有人不同意这种看法，他们推测塔的裂开可能在前面一次地震时，有些砖块虚撑在裂缝中未能掉下，当过了几十年又出现第二次地震时，砖块不再起撑持作用而纷纷坠落，塔也就自动复合了。

这些分析表面上看是有些道理的，但如果一一对应找例证的话就很困难。比如地壳运动的资料，其实和几个分合并不完全一致，而开合与地震也不是全部相符的，所以这些说法尽管有相当的道理，却还是难以让人彻底信服。也许这个千古之谜，还得后人去进一步研究。

小雁塔还曾经有过一段几乎被毁的历史，其真相如何？相传唐武宗灭佛时，荐福寺位于长安城内，自然未能幸免，后又经朱温破坏和数百年的风雨战乱，到了明英宗朱祁镇正统年间，荐福寺已是"殿堂废弛"，宝塔独存了！这时，西域番僧勺思吉被任为荐福寺主持，他看到荐福寺的破败景象，十分心痛，便毅然竭尽自己储蓄，连自己从西域穿来的一袭金线新袈裟也送进了当铺，并亲自广为募化，筹资修葺荐福寺。他学玄奘法师修大雁塔时的举动，亲自负运砖石，竭尽了全力。他更精打细算，节省资金和材料，带头从唐代以来的殿址瓦砾堆中，挖捡能用的砖瓦，全用在新修的殿堂之上。整个工程完成后，他亲自绘制了荐福寺彩色平面模拟图，一并呈交礼部转奏英宗，乞请皇帝命名。

谁知明英宗一看图便勃然大怒，立命锦衣卫斩杀勺思吉及满寺僧众，并把荐福寺及小雁塔统统烧掉！英宗为何一见图便要杀僧焚寺呢？原来，明代的皇宫皆用绿琉璃瓦盖顶，皇宫以外的建筑用了绿琉璃瓦便是"僭越""欺君"。最后经大臣们极力劝谏，英宗才暂停烧杀，降旨礼部查清事由。礼部派官员一查，才知道，寺内大殿上所用的绿琉璃瓦全是唐代旧物，是勺思吉为了节省开支，一叶一片从数百年的废墟中抠挖出来的。英宗问明了原因，方赦勺思吉无罪，就这样，小雁塔差一点儿与勺思吉及荐福寺一起化为灰烬。勺思吉虽然得到了英宗表示认可和赐名的圣旨，但是他还惊魂未定呢！为了以防万一，他亲自磨了一块巨碑，并把荐福寺全图及英宗圣旨铭刻在上面。

秀丽的西安大小雁塔，充满着一个又一个千古之谜，使大家对它们的探索兴趣盎然。

日本遣唐使之谜

中日两国，一衣带水，自古以来交流频繁。在中日关系史上，遣唐使犹如一叶友好之船，运送了大唐王朝光辉灿烂的先进文明前往日本，承载着一千年前两国民族的深厚友谊。

强盛、文明、开放的大唐王朝，在7至9世纪，是整个东亚文明的中心，它凭借强大的国力，对外敞开胸襟，其文物制度流传广播，北逾大漠，南暨交趾，东至日本，西极中亚。日本民族，自古就具有善于学习域外文明的可贵精神，自然也不会放过此宝贵契机。在此期间，他们引进了大陆先进的生产方式和政治制度，完成了向封建社会质的飞跃。其中，日本一次次向大唐朝廷派遣的遣唐使就是连接两国友好交流的纽带。

623年（日本推古天皇三十一年），自唐回国的留学僧惠齐、惠光等上奏朝廷，称在唐的留学生均已学业成就，应予召回，并且建议："大唐国者法式备定，珍国也，常须达。"日本朝廷接受了这一建议，在进行了充分准备之后，于630年（日本舒明天皇二年）首次派出遣唐使。此后的两百多年里，一代接一代的遣唐使肩负着传播文明的伟大使命，出没于东海的惊涛骇浪之中。

对于遣唐使的派遣次数历来说法不一。根据日本木宫泰彦的《日中书化交流史》记载，截止到894年，日本共任命遣唐使达十九次，其中包括"送唐客大使""迎入唐大使"和未成行的遣唐使，实至唐者十五次。台湾学者王仪的《隋唐与后三韩关系及日本遣隋使遣唐使运动》也说遣唐使有十九次。不过如果依据《辞海》，遣唐使应指日本派至中国唐朝的使节，那么没有争议的真正成行来到中国的遣唐使共有十二次。另外，有一次是759年特别派遣的为迎接第九次遣唐使藤原清河而组织的"迎入唐大使"。当年，藤原清河入唐后被卷进了安史之乱而未归国。但此次出使未达到目的，三年后空手而返。有三次是为了护送来日的唐使而任命派遣的"送唐客使"，其中667年日本使者送回唐驻百济镇将刘仁愿的使者法聪，但并未入唐，只是送到了百济，对于此次是否应归为遣唐使，争议颇大。还有三次是日本使者受到了任命，但由于种种原因没有被派遣，未成行，因而是否归为遣唐使也未成定论。有人认为遣唐使、送唐使和迎入唐使共有二十二次之多，但也有人指出，景云二年（711）并无日使来唐，总章二年（669）和咸亨元年（670）至唐者是同一次使节，而不是非正式使节。

为便于研究，学者们多把日本遣唐使的派遣活动进行分期，而不同的时期出使的路线、目的、任务均不同。现在流行的分法是分成初、盛、末三期。

初期，从第一次遣唐使到669年（日本天智天皇八年）派遣的遣唐使为止。此时遣唐使的规模不大，最多两只船，组织也不甚严密。几乎来回都走北路，即从三津浦出发，沿着朝鲜半岛、辽东半岛航行，再横渡渤海湾口，在山东半岛登陆，然后经莱州、青州、兖州、汴州、洛阳直至长安。这条线路最长、最费时，但也最安全。并且这一时期日本不断派出遣唐使的政治目的远远大于文化和经济交流，其目的多在于角逐朝鲜半岛。隋朝时期，日本在朝鲜半岛拥有一个根据地任那，后来被强大起来的新罗所吞并，日本的势力也被彻底赶出半岛。唐前期，新罗同百济的斗争激化，新罗寻求唐朝的支持，百济则加强了同高句丽的联系。唐朝为支持新罗，远征高句丽。同时，日本也进一步加强了同百济、高句丽阵线的联系。据说659年，日本派出遣唐使的目的就是为了救援百济而在外交上对唐王朝有某种牵制。这次使者还因为在大唐收集有关唐出兵百济的军事情报，而几乎遭到流刑的厄运。虽然事情日后平息，但日本使者直到唐灭亡百济之前一直被软禁在长安。663年，日本为援救百济在朝鲜同唐朝进行了大规模的海战，即白村江之战。日本战败，撤回军队，并一直担心唐军乘胜进攻本土。因此不难看出，日本在665年派遣的送唐使和669年派出的遣唐使带有修补唐日关系裂痕之用心。白村江之战在中日关系史上意义重大，以此为分水岭，日本开始积极输入唐朝的制度文化，迅速迈向"律令制国家"。

当时，随同遣唐使出行的有大量留学生和学问僧。他们主要到中国来学习政治制度、经史律令、礼仪以及佛法。学成归国后，积极投身日本的社会改革，于645年掀开了大化改新的序幕。政治上，仿效唐朝的三省六部制设立二官八省一台制，大力加强了中央集权；经济上，仿照唐代"均田"和"租庸调制"，将土地收归国有，实行"班田收授法"和租庸调制；法律上，于702年依据唐律制定和颁布了《大宝律令》，这是改新事业基本完成的标志。这些改革措施大大促进了日本社会的发展和进步。

从702年到752年，是遣唐使的繁盛时期。此时正值唐王朝的开元盛世，国力发展至巅峰。同时大化改新后，律令制度逐渐完备的日本亟须输入大陆成体系的先进文化去充实和巩固自己，因而这一时期遣唐使的主要目的是学习唐王朝的文化，相应地日本也进入了文化昌盛发展的奈良时期。

由于已经形成了相对强大的中央集权，积累了相当的财力，日本有力量组织和派出规模庞大的遣唐使队伍。当时船队扩大到四只，总计四五百人，而且多走南岛路，即从博多出发，沿九州岛西岸南下，至适当地方横渡东海，之后在长江口一带登陆，再经杭州、苏州、扬州、楚州、汴州、洛阳至长安。其成员除大使、副使、判官、录事等正式外交官员外，还有知乘船事（船长）、船舶都匠（造船技术负责人）、译语（翻译）、主神（掌祭神者）、医师、阴阳师、画师、史生（文书）、射手（警卫）等等，其不同职位类别将近三十种。使团中还有意识地安插了一些围棋高手、琵琶演奏家等，以满足国际社交的需要。另外仍然有大量的留学生、学问僧随行。

　　值得一提的是，这时期的遣唐使及其随行人员中仪容端正，才华出众，功绩卓著之士甚多。其中，日本留学生阿倍仲麻吕和吉备真备是当时涌现的中日文化交流史上最值得纪念的人物。阿倍仲麻吕于717年随遣唐使入唐，进国子监太学学习，取汉名晁衡。因他成绩优秀，通过了唐朝的科举考试，踏入仕途，历仕玄宗、肃宗、代宗三朝，官至左散骑常侍、镇南都护，最后埋骨中土。他在唐不仅为本国留学生提供很多帮助，而且向大唐朝野人士介绍了

唐·骆驼纹军用水壶

不少有关日本的知识。他的汉文文化素养极好，善诗文，同当时的大诗人李白、王维等人关系甚密。他对加强中日两国的友好和相互了解做出了极大的贡献。同晁衡一同入唐学习的吉备真备也是一位佼佼者，多才多艺的他在学问上极为广博，对唐代的先进科技、军事、音乐、历法等各方面的典籍都大力搜购和吸收。回国时，他带回日本《唐礼》、《大衍历》、《乐书要录》（后来在中国失传，但因吉备真备的带回，在日本却保留了下来）、测影铁尺、弓箭以及乐器等等。相传，中国的围棋就是由吉备真备带回日本的。归国后，他官至右大臣，在教育、文化、军事、刑律、历法等方面都有程度不同的建树，被看作是努力吸收唐文化而促进日本文化发展的一代遣唐留学生的优秀代表。

　　安史之乱后，遣唐使进入派遣的末期（777—894）。这时的航线多走南路，即从博多出发，在今平户或五岛列岛暂泊，等待顺风起航，横渡东海，之后的路线大致同南岛路相同。组织上规模不亚于以前，但在气势上已是强弩之末。内忧外患的唐王朝失去了往日的辉煌，开放政策开始褪色，对外交往受到一定的阻碍。而日本在大量摄取精华之后，也亟须停下来加以消化，这就使唐风文化开始向国风文化过渡。到后来，甚至萌生了一种该学的东西都已吸收殆尽的思想倾向，以致日本人此时渐渐丧失了出没波涛追求唐文化的热情和锐气。一直到894年，留唐日本僧人报告"大唐凋敝"，菅原道真上奏折建议停派遣唐使，这样，悠久的遣唐使历史就降下了帷幕。

　　在遣唐使研究中，有一个问题值得重视，即遣唐使是否携带国书。日本有一些学者认为，当时日本政府以遣隋使呈交隋政府的"日出处天子致书日没处天子"国书曾引起隋炀帝的不满，有唐一代遣唐使入华便不再携带国书，相沿成习，遂成惯例，这个观点为国内一些学者采纳。但也有一些日本学者认为遣唐使是携书入唐的，并对遣唐使携带国书的文书形式进行了复原。国内一些学者也对正史记载的遣唐使给中国地方官的书信进行了详细考证，认为日本曾经是向唐朝递交国书的。有学者认为，唐朝立国，以强盛的国力称盛于东方，因此四夷前来通交、朝贡的要求很多，在文书形式上出现了相应的格式和习惯，各国对唐政府的文书则一律称之为"上书""上表""奉表""献表"等。我国史籍中曾屡次出现日本遣唐使向唐政府奉表、献表的事例，甚至有的记载还指

出了表文的特点、纸张使用情况等，所以这些奉表、献表无疑是日本遣唐使代表日本政府呈交唐政府的文书。从唐代中日两国通交建立的基础点上看，如果说日本遣唐使不携文书，不仅为唐政府难以接受，且于常理上欠通。日本遣唐使入华并非不携带国书，且与隋朝所谓的国书事件无关，国书是以"表"的形式出现的。

总体上看，遣唐使的研究日本学者比较深入细致，但大陆学者也是新观点迭出，大家仍有一些问题看法不一，争论还将继续。

鉴真和尚双目失明之谜

鉴真和尚是中日文化交流的使者，历经六次努力终于实现东渡愿望。他把佛教律宗、建筑、雕塑和医药学等介绍到日本，为中日文化交流作出了重大的贡献，至今仍受到中日两国人民的怀念和爱戴。尤其令人尊敬的是，鉴真和尚东渡前双目可能已经失明。

1962年是鉴真和尚逝世1200周年纪念。为纪念这位中日交流的伟大使者，我国诗人郭沫若写下了这样一首诗："鉴真盲目航东海，一片精诚照大海。舍己为人传道艺，唐风洋溢奈良城。"表达了后人对他的无限崇敬之情。

鉴真出生于扬州江阳（今江苏扬州），十四岁出家到扬州大云寺为僧。由于他勤学苦练，得到名僧的指导和教诲，年纪轻轻就成为佛门高徒。他曾先后赴洛阳、长安等地深造，对佛教研究有很深的造诣。他从二十六岁开始讲授戒律，据记载，听他讲经和由他受戒的弟子竟达四万余人，不仅在中国，而且在日本也享有盛名。他还组织僧侣精心抄写经书三万三千卷。742年，应前来中国留学的"学问僧"荣叡和普照的劝请，决心东渡日本传授佛法。在十二年的漫长岁月里，鉴真先后五次东渡日本，旅途历尽艰难险阻，在最后一次东渡中双目失明，但他的决心却丝毫不动摇。753年，他排除了种种困难，终于胜利地到达日本。

鉴真于天宝十二载（753）十二月二十日抵达鹿儿岛县川边郡。翌年正月十六日，朝廷敕令迎接鉴真一行入京。鉴真一行由大宰府乘船经濑户内海于二月初在大阪湾登陆。随后进入奈良县（当时的河内国）。天皇的御使安宿王迎鉴真于罗城，热情陪送到东大寺内。三月，当时的孝谦天皇的御使吉备真备，前往东大寺会见鉴真时，宣读天皇口敕："大德和尚，远涉沧波，来投此国，诚副朕意，喜慰无喻。朕造此东大寺，经十余年，欲立戒坛，传授戒律，自有此心，日夜不忘，今诸大德，远来传戒，冥契朕心。自今以后，授戒传律，一任和尚。"不久，天皇又敕授鉴真为"传灯大法律"，并向他赠送了礼物。对于一个僧侣,以如此隆重的礼遇相迎,在日本历史上是极为少见的。

鉴真在一片热烈的欢迎声中,开始了紧张的授戒活动。当年三月,在东大寺卢舍那佛像前建立戒坛。尽管他已双目失明,但仍凭其惊人的记忆力纠正了当时传至日本经书中的不少谬误。由于他学识渊博,深得厚望,孝谦天皇于756年任命鉴真为大僧都,管理佛教界的政务,成为日本佛教界的五大领袖之一。至758年,被授予"大和尚"的崇高称号。759年,孝谦上皇、纯仁天皇将位于奈良城右京的旧宅赐给鉴真。在此基础上,由鉴真及其弟子设计并修建了唐招提寺。

唐招提寺由金堂、讲堂、文殊堂、不动堂、地藏堂、御影堂、经藏和钟楼等建筑组成。其中供奉的佛像,不是由他们亲手雕刻制作的,就是他们从唐朝带来的。如雕白旃坛千首像、绣千首像以及千手观音等都是他们带来的。这座寺院开始称"建初律寺"。乾元二年(759)年八月初一新殿落成,孝谦上皇手书榜额"唐招提寺"四字,从此就以此为寺名。它成为日本最早修建的传播律宗的寺院。无论寺院的建筑以及佛像的塑造,在形式、结构和技巧、艺术等方面同以往的寺院比较,有了新的发展。这座寺的金堂是那个年代一直保存到今天的最完美的建筑物,是保存到今天最完美的天平时代的佛殿。它的结构装饰,足以代表当时最新颖的样式和技巧。

一千多年来,唐招提寺保存得很完整,甚至连外形也未作变动。今天人们可以在御影堂内看到双目失明的鉴真的干漆坐像。这尊由鉴真弟子雕塑的雕像,已被日本政府定为"国宝",从中也可以看出日本对鉴真的崇敬和怀念之情。

传统观点认为鉴真在第五次东渡失败后双目失明,其根据是日本人真人元开撰写的《唐大和上东征传》。书中记载鉴真自广州到达韶关时,"频经炎热,眼光暗昧,爰有胡人言能治目,请加疗治,眼遂失明"。因此一些主要的史书都认为鉴真第六次东渡时年已七旬,双目无法看清东西了。不过后人在叙述这件事时对鉴真失明的原因讲法不统一,有人认为是发炎所致,后来治疗不及时,遂导致了失明。有人认为是中暑毒而失明的,有人认为是身染重病而失明的,有人认为是积劳成疾而失明的,有人认为是哭瞎的。

鉴真和尚果真是双目失明了吗?有人对鉴真在东渡日本时是否双目失明提出了不同的看法,认为鉴真到日本后,晚年可能曾有失明的情况出现,但说他到日本之前已经失明,不太可信。

著名历史学家陈垣在纪念鉴真圆寂1200周年时,对此事提出了质疑(当时未公开发表,后此文发表于1980年第4期的《社会科学战线》上)。他认为"鉴真和尚到日本后,晚年曾失明或有之,谓鉴真和尚未到日本前已失明,则殊不可信。"理由是鉴真失明一事,《宋高僧传·鉴真传》等中国史书均未记载,仅据日本的《唐大和尚东征传》上的一句话作为孤证,论据尚不充分。即使是《唐大和尚东征传》,它对鉴真在日本十年的传法和生活的记载中,均未提到他因双目失明而感到不便的事情。理由之二,鉴真从韶州来到江宁时,他的弟子灵祐是不可能当着"双目失明"的老师说出"盲龟开目",陈垣认为"似不合情理",因为弟子不可能对着老师说出这等有损于鉴真形象的不敬之语的。所以,鉴真失明一事是令人怀疑的。

中国学者认为成书于797年的日本史书《续日本纪》,对鉴真的事迹记载也有可疑之处。该书卷二十四天平宝字七年(763)五月戊申条说,在天宝七载(748)渡海失败后,由于随行的日本僧人荣叡亡故,鉴真因此"悲泣失明"。根据这种说法,鉴真的双目是哭瞎的。史学家陈智超先生是陈垣先生的后人,他对鉴真失明一事也表示出了怀疑。他认为《续日本纪》所记载的鉴真在双目失明的情况下,以鼻辨药"一无错失",或许是可信的,但仅凭他的记忆力来校正数百万言的经论而且一字不差,这完全可使人有理由怀疑他是否双目失明了。陈智超先生又介绍日本正仓院中现在保存有一张《鉴真书状》,据说是鉴真的借书条。借书条上的书法为唐人风格,值得注意的是,书法字迹端正整齐,其中涂改重写的地方位置与原字完全相合。这是一个盲人能做得到的吗?如果这张借书条确实是鉴真的真迹,那么这反而可以作为鉴真眼睛未瞎的物证。

一些日本学者认为《唐大和上东征传》所说的"眼光暗昧"是指鉴真患有老年性白内障。其中"胡人言能治目,请加疗治"的话是鉴真请了阿拉伯医生施行针疗法治疗,由于手术后的感染而引起病情恶化,即所谓"眼遂失明",但还能分辨出字迹。如此说来并没有完全看不见。日本学者田中块堂认为鉴真到日本时还没有完全失明。

这些根据为数不多的现有史籍对鉴真的失明所提出的种种质疑和解释,使人将信将疑。在没有新的史料的进一步发掘出以前,这个问题看来只能成为一个悬案。

唐三彩之谜

唐三彩是一种低温釉陶器,以高岭土或其他各色粘土作胚体,在将素胚入窑焙烤后,用含铜、铁、钴、锰、金等元素的矿物作釉料的着色剂,并在釉中加入适量的炼铅熔渣和铅灰作助熔剂,通过再次入窑烧成的艺术珍品。唐陵陪葬墓中出土了大量的三彩,有器具、人物俑和动物俑,多彩多姿,是唐朝政治、经济高度发展的产物。

唐三彩是唐代劳动人民对世界物质文化的贡献之一。相传最早在1928年,建筑陇海铁路时穿越洛阳北邙,从唐墓内出土了大批多彩釉陶器,人们称之为唐三彩,于是这个名字就一直沿用至今。唐三彩是一种低温釉陶器,以高岭土或其他各色粘土作胚体，用含铜、铁、钴、锰、金等元素的矿物作釉料的着色剂，并在釉中加入适量的炼铅熔渣和铅灰作助熔剂。先将素胚入窑焙烤，陶胚烧成后，再上釉彩，再次入窑烧至八百摄氏度左右而成。由于使用不同的着色剂，比如在釉料中加入适量的氧化钴就变成蓝色，加上氧化铜就变成绿色，加入氧化铁就变成黄褐色。此外在这些色调的基础上，还能配成深绿、浅绿、浅黄、赭黄、翠绿、天蓝、黄、白、褐红等色彩，所以一件器物上往往是多种色彩并存，不仅仅真的只是三彩。

唐三彩的制作开始于什么时候？从目前发现的器物看，最早的在唐高宗时期。高宗以前，还没有发现过。三彩在唐代陵墓中作为一种随葬品，大约在唐高宗至唐玄宗时期。

由于几个重要的唐代帝陵都没有被打开，是否有三彩不得而知，而今日发现的三彩主要集中在唐陵陪葬墓中。目前已知出土三彩最早的唐墓是礼泉县昭陵陪葬的太宗妃燕氏墓和赵王李福墓，时间均为672年。燕氏墓出土了三彩罐一件，李福墓出土三彩罐和盘各一件。富平县献陵虢王李凤墓出土三彩双联盘和三彩榻等三件，昭陵唐嘉会墓出土三彩砚一件、安元寿墓出土三彩女立俑和三彩马头各一件、越王李贞墓出土三彩六十六件，乾陵永泰公主墓出土三彩八十一件、章怀太子墓出土三彩二百六十二件、懿德太子墓出土三彩一百四十三件，定陵节愍太子墓出土三彩马、驼等十件。从时间上看，三彩器的制作至迟在唐高宗时期就已经开始并很快发展起来。从出土的三彩物品来看，三彩生活用具的出现要早于三彩俑，武则天以后的墓葬中三彩俑蜂拥而出，一下子多了起来。

唐三彩为什么会出现在唐代前中期？有人提出，三彩的出现不是偶然的，和当时的政治、经济和社会习俗有直接关系。唐朝国威强盛，国家统一，民族融合，社会安定，大大促成了生产的发展和经济的繁荣。同时唐朝对外实行开放的政策，十分有利于发展中外贸易关系和文化交流；而反映在艺术上，则呈现出姹紫嫣红的局面，唐三彩就是当时应运而生的一种艺术。三彩器具与统治阶级的豪华奢侈的生活是分不开的，那些官员活着的时候追求名贵宝物，死后还幻想着继续享受奢华，于是就把生前占有的文侍武卫、歌舞乐伎、妻妾奴婢、马牛驴驼、飞禽走兽、房屋家具以及瓶、盘、碗、罐等，都做成三彩釉陶用来陪葬。迄今为止发现的三彩，主要集中在帝陵陪葬墓的皇族和贵族墓中，其实已经证实了这一看法。当时的贵族崇尚厚葬，不惜资财，"偶人像马，雕饰如生，徒以炫耀路人"，唐三彩就在这样的情况下出现了。

陶瓷工艺的发展为三彩物品的出现提供了可能。北魏以后，釉陶工艺提高很快，其制作工艺已经接近唐三彩。这种工艺经过隋代的发展，至唐代，工匠们经过反复实践，总结前人的经验，将多种釉色同时交错使用，

唐·三彩陶马

遂产生了这种独特的釉陶。

　　唐三彩的器物一般可分成两大类，一类是明器。凡是与墓主人生前有关的房屋亭院、家具杂物、井磨仓灶、牲畜家禽、各类人物、生活用具以及专为随葬而制作的镇墓类物品等，无不具备，丰富多彩。武则天至唐玄宗初年，出现了不少仿金银器的三彩器，这类器物不少是中亚、西亚一带的器形，似乎可以说明是以三彩作为金银器的象征，是了解中外文化交流的重要凭证。另一类是实用器，但在唐陵陪葬墓中发现不多。

　　前期的唐三彩器物制作不够发达，数量少，品种单调，彩色不够丰富，也不怎么绚丽。人物形象比较清秀、瘦削，身材苗条，衣衫紧窄，紧贴在身体上。中盛唐时期的三彩器数量多，品种丰富，质量最好，彩色绚丽，人物形象高大丰腴，女俑都是大髻宽衣，衣纹飘举。有人认为，如果说前期的三彩人物有"曹衣出水"的特点，那么中盛唐时期的三彩器就有"吴带当风"的气魄。

　　唐陵陪葬墓中的三彩以人俑和动物俑最为成功，在造型艺术上有很高的成就。三彩中的人俑形象，往往是根据不同的身份地位，表达出他们特定的情感和面貌。三彩人俑中，最精彩的是那些婀娜多姿的女俑，她们有的是贵妇，有的是贵族家的侍女。贵妇们发髻高耸，穿着华丽的衣服，窄袖宽袍，体态丰腴，气闲神定。有的贵妇手拿披巾，亭亭玉立，有的骑马驰骋，飒爽英姿。昭陵陪葬墓郑仁泰墓中出土的女骑马俑，十分威武。而越王李贞墓中出土的三彩骑马女俑头戴折沿高帽，是胡帽中的一种，她身着圆领长袍，衣袖瘦窄，都是女子胡服的典型式样。那些长年禁闭于深宫中的侍女俑神情拘谨，有的为主人捧方盒，有的手执灯台，专注地为主人的享乐忙碌着。如郑仁泰墓中出土的侍女俑，身着男装，头梳泡髻，衣服为翻领胡服。

　　人物俑中也有峨冠博带的文臣，一个个显出神态庄严的样子。唐陵陪葬墓中的文臣，有的双手举于胸前作捧物状，表情拘束，头部微偏侧，好像在朝廷里面见皇上。有的身躯微微向前倾斜，两手相交于腹下，头部微微前低，两眼微闭下视，一副肃敬姿态，似在听皇上或上司的训话。而那些骑马的狩猎俑就表现出完全不同的样子，有的呈雄赳赳一介武夫状，有的拉弓射箭，矫健潇洒。猎人们大都是背弓挂箭，带着猎狗，显出英俊勇敢的样子，形态十分逼真。

　　三彩人物俑中也有胡俑，最为常见的是深目高鼻，头戴尖顶帽，身穿折领衣，牵着鸣驼骏马，一副商人的模样。永泰公主墓中的三彩胡人俑，头发向两边分开，各梳一条辫子于耳后，身穿翻领交襟窄袖的绿色胡服，翻领的里层为黄褐色，腰中系带，袍的下摆开叉，左边好像随风翻起。他左手叉腰，右手上举，身边虽然没有马或驼，但从他右手似握辔的姿态看，仿佛一匹矫健的骏马或高大的骆驼就在他身边嘶鸣。有的三彩俑明显是表现下层社会的人物，有的人无拘无束地在说唱，表情真切活泼；有的在表演舞蹈，感情外流奔放；甚至有的胡人俑还抱着西域乐器，边弹边唱。三彩俑中有不少武士俑，他们有着夸张的隆起肌肉，怒目圆睁，头戴盔帽，身披铠甲，一手执盾，一手持剑，彻底的剑拔弩张之势。

三彩中的动物俑比人物俑更加出色，不同种类的动物形象个性十分突出，入木三分。狮子俑主要显示出它的机智可爱，使人看后觉得十分亲切怜爱。骆驼、骡、驴等一扫平时所见笨拙呆滞的样子，全都呈现出轻健强劲的状态，令人马上意识到唐朝与西域的商贸往来是如此的紧密。无论是单峰驼还是双峰驼，它们仿佛使后人看到了中亚人在长安来往的影子。

三彩中最成功的动物俑是各种马的形象，造型生动，色彩艳丽。唐代的三彩马俑大多结构分明，骨肉匀称，线型流畅，神态矫健。三彩马形态各异，有的马腾空奔驰，有的缓步徐行，有的昂首嘶鸣，有的低头啃蹄，有的引颈向天，有的张嘴欲饮，有的翘唇嬉闹，各种各样的形象令人喜爱无比。塑造者充分抓住了马的精神，内在的劲和外在的形有机结合，使得马在唐人生活中的地位得到完全显现。懿德太子墓中出土的三彩三花马，通身施釉，四足挺立，双耳竖起，两眼炯炯有神。马鬃剪成三花，梳理过的马尾打结上翘，马鞍有绿色障泥。这匹马从造型到神态，全身上下表露出凸起的肌肉和强劲的筋腱，迸发出昂扬的气势，十足的华丽、高贵，有着蓬勃豪放的韵味，可谓是杰出的艺术作品，辉煌时代的产物。

陪葬墓中已有如此伟大的艺术，我们完全有理由相信在唐代帝陵中的三彩将更加灿烂多姿。

唐代帝王迎佛骨之谜

唐朝诸帝十分礼重佛教，先后六次将佛骨舍利迎入京城供人瞻仰。这是一段佛教在皇城中最走红的时期，一股股崇佛热潮接连涌起。从帝王到平民百姓，如痴如醉，莫不以看一眼佛骨为福。那么唐朝的帝王们是如何奉迎佛骨的？

隋唐时期，从印度传进的佛教走上了一条独立发展的道路，日渐学术化、世俗化、艺术化，发展为大众的佛教，并且与华夏文化缠结在一起，成了不可分割的组成部分。

唐代第二个皇帝李世民上台后，对佛教颇有好感，曾下诏为法门寺度僧，敕建寺宇。为了表示自己"示存异方之教"的大度，顺应社会上日渐升温的佛教热，他曾下令开示佛骨，从而掀起了大唐诸帝礼佛的热潮。

陕西扶风的法门寺约建于北魏文成帝时期，寺内有育王塔一座，相传是阿育王所造的八万四千塔之一，内藏有佛祖的舍利。

唐初，法门寺已是有寺无塔，唐太宗下令准以修造望云宫的建材移去修塔。贞观五年(631)，在岐州刺史张德亮的奏请下，唐太宗敕准开示佛骨。据资料记载，开塔时将舍利"通现道俗"，每天有百姓数千人围观，"京邑内外，奔腾同处，屯积塔所"，人们纷纷"咸荐香花"，出现了一场观看的热潮。不过这次仅仅是开示佛骨，并没有将佛骨迎入京师。舍利埋在塔基下丈余深处，同时还获得周魏二古碑。

唐太宗下令开示的舍利是怎样的？见过的人各说各的，有的认为像玉一样，白光映彻内外，有的认为是绿颜色的，有的认为像佛的形象，有的认为像菩萨、圣僧形象，有的说看到了赤红一道，有的说看到了五色杂光。有的人到了法门寺，并没有见到舍利，问他来干啥，他说一生已有多重罪，只是想来到舍利前减去点罪孽。很多人来后忏悔不迭，"或有烧头炼指，刺指洒地"，虔诚至极。

唐太宗的开启塔基，使法门寺地位大升，无形中达到了国寺的地位，而佛指舍利的供养也升了规格。

唐太宗的儿子唐高宗李治做太子时就大力弘扬佛法，继位后仍热心于规模盛大的法事活动。显庆四年（659）九月，他作出了一个惊人的决定，下令奉迎法门寺佛指舍利入东都供养，这是唐朝帝王的首次奉迎佛骨。当时有两个和尚对高宗讲起了法门寺育王塔的故事，高宗遂问是否就是八万四千塔之一，和尚说未详虚实，但一般来说不是假的。舍利应该三十年在人们面前展现一次，以前贞观时露面过一次了，现今时间已到，请求再次让舍利露露面。高宗遂让僧人到塔前行道七日，然后开发。于是他给钱五千、绢五十匹，让和尚进行供养。那几个和尚在塔前专心行道只有四日，奇迹就出现了。先是听得塔内佛像下有震裂之声，之后只见"瑞光流溢，霏霏上涌，塔内三像是各各放光"。和尚们大喜，马上向高宗报告，高宗立刻派使送绢三千匹，还下令造阿育王像，并开挖舍利。显庆五年（660）春三月，高宗下敕取舍利往东都入内供养，又让七个京师高僧到皇宫内行道，顶戴供养。

高宗将舍利迎入宫内道场后，亲自供养，皇后武则天还别出心裁地造了金棺银椁瘗藏佛指舍利，一共九重。由于唐代以九为数之极，所以九重棺椁表示规格达到最高，与天子相同。一生简朴的佛祖想不到在中国竟享受了这么高的待遇，灵骨安卧于只有天子才能享受的金棺银椁之中。不过唐高宗自私心理还是很重的，舍利迎入皇宫后，照例应尽快归还庙寺，但他却将舍利留在宫内，直到龙朔二年（662）才送回法门寺，前后有整整两年。

不过同时期还有一件事。当时有西域人献佛顶骨至京师，高五寸，阔四寸，黄紫色，由于此物没有留传下来，史书上没有详细记录，真假就不得而知了。

第二次迎奉佛骨的是武则天。武则天的崇佛在唐朝诸帝中是较为出名的，她的政治生涯得益于佛教甚多，到了晚年，她向佛祈福的心理更重，还一心想报答感恩佛祖。长安四年（704），她派出官员和崇福寺寺主法藏和尚等前往法门寺迎舍利。法藏等到了法门寺，行道七昼夜，然后开启塔宫，将神辉煜爚的舍利带回了京师崇福寺。沿途众人在两旁恭迎，"施异供香华鼓乐之妙"，"万乘焚香，千官拜庆"。之后将舍利迎入洛阳，武则天下令王公以下"精事幡华幢盖"，具乐奏迎于明堂。武则天自己"身心护净，头面净虔，请藏奉持，普为善祷"。

第二年，舍利还在明堂的时候，发生了一场宫廷政变，年老的武则天不得不把大权交给自己的儿子唐中宗，不久她走完了自己八十三年的人生之路到天国去了。接下来几年是乱哄哄的动荡政局，唐中宗在政治上一无作为。不过他还是想到了舍利，于是在景龙二年（708）下令将舍利送回入塔。

得益于安史之乱而上台的唐肃宗是第三个迎佛骨的皇帝。肃宗的父亲唐玄宗对佛教不是特别热心，把法门寺的舍利竟然忘记了，过了三十年还没想到去开示一下。而差一点做不到皇帝的肃宗却是大受佛教恩惠，刚登基的时候军费不足，就用剃度僧尼的钱渡过了难关。收复京师后，他召不空和尚入皇宫为他行"转轮王位七宝灌顶"大法，重新掀起了崇佛的浪潮。这时他也想到了法门寺的舍利，遂于上元元年（760）五月派出官员、僧人多名前去法门寺将佛骨启出，迎入内道场。肃宗自己亲自前去观看，还赐金银财宝若干。限于财力，这次迎佛骨活动仅仅历时两个月，规模不大，供奉不丰。乱世迎佛，只能如此了。

肃宗的儿子唐代宗对佛教最痴迷，他把唐宫的大门向僧尼敞开，在宫内大量陈设佛像，帝后一同礼佛诵经，并且给僧众十分优厚的待遇；还每年设水陆道场，举办放灯、放焰火等佛事活动。他也想到了法门寺的舍利，不过由于时间未到三十年，他最终未敢提前迎佛，只是为法门寺立碑一块。

唐德宗是第四个迎奉佛骨的皇帝。德宗本不是最热心于佛教，刚上台时曾罢停内外临时统管僧尼的功德使，重申僧尼悉属祠部，加强朝廷对僧尼的管理。贞元六年（790），离上次迎佛骨有三十年了，德宗思前想后觉得还是不能违旧例，于是权当走一次程序般地下诏迎佛骨。《资治通鉴》等史书记载，这年春天将佛骨迎置禁中，此后又送到寺庙以示众，到了第二个月就派宦官送回法门寺。这次迎奉前后才一个月多一点时间，最初德宗并不放在心上，只是想走过场而已，但想不到老百姓对佛教兴趣浓厚，"倾都瞻礼，施财巨万"。这次迎佛骨后，德宗与僧人的关系渐渐紧密，常将僧人迎入大内，宫中香火不断，人人念经。

唐宪宗的迎奉佛骨的声势较以前诸帝更大。宪宗是唐代最为崇佛的皇帝之一，刚上台不久就下令天下有道高僧赴京师阐扬佛法。元和五年（810），他还下诏让华严宗的四祖澄观入内谈法，宣讲华严法界要旨，听后大有收获，所谓"英明圣皇，廓然自得"。这样相信佛法的皇帝，迎奉佛骨是十分自然的事情。不过他先是在舆论上作好准备，让大家对迎佛骨的重要性有充分了解。他让翰林学士张仲素撰写《佛骨碑》，谈了历代皇帝对佛骨的礼敬过程，然后认为佛骨要三十年一开，开了以后就会"玉烛调，金镜朗，氛祲灭，稼穑丰"。不久，专管僧人的功德使上奏说三十年一开的时间到了，"开则岁丰人安"。宪宗于是下诏，于元和十四年（819）派出专使，前往法门寺迎骨。佛骨到京师后，迎入皇宫，宪宗在大内供养三天，他率皇室人员及百官一一礼拜，然后送京师各寺轮流供奉。唐宪宗的这一举动震动了京师，原本就对佛教充满着好感的百姓如发狂一般，"王公士庶奔走舍施如不及""焚顶烧指，千百为群，解衣散钱，自朝至暮，转相仿效，惟恐后时，老少奔波，弃其业次"。长安城内全是疯狂的人群，个个头脑发热。

　　迎佛结束，宪宗感觉良好，作诗说："功成积劫印文端，不是南山得恐难。眼睹数层金光润，手撑一片玉光寒。炼经百火精神透，藏之千载英彩完。净果熏修真秘密，正心莫作等闲看。"想不到有个不合时宜的老夫子刑部侍郎韩愈却写了一篇《谏迎佛骨表》，竟然在迎佛过程中上书切谏，说什么奉事佛教求福会适得其反，"东汉奉佛之后，帝王咸至夭促"。他说梁武帝佞佛，最后造成侯景之乱，困饿致死而国破身亡。他还认为佛是夷狄，不知君臣之义，不顾父子之情，宪宗是"无故取朽秽之物"，还亲临观之，简直就是自取其辱。还说要将这些佛骨交给有关部门，"投诸水火"。宪宗大怒，气得双脚暴跳。这样的人不被杀头才怪，幸亏一些大臣求情，才保住了性命，但还是被贬到南方蛮夷之地潮州当小刺史去了。

　　唐武宗在位时期，三十年一开的佳期到了，但武宗对佛教没有好感，他后来制造的法难众所周知，佛指舍利没被他毁掉已是不幸中的大幸了。到了唐末，政事一天不如一天，但帝王们仍然对佛教兴趣浓厚，唐懿宗李漼遂成了第六个迎奉佛骨的皇帝。李漼自登基以后，终日游宴，不理朝政。他癖于奉佛，内结道场，聚僧念诵，还多次行幸寺院，布施财物。到了自己的诞日，不断召请名僧入宫谈论佛法。佛祖降生日，唐宫便大肆庆贺，内外张灯结彩，音乐四起，数百美女翩翩起舞。咸通十二年（871），有和尚上书朝廷在法门寺真身塔下结坛，数天后在塔底旧隧道西北角发现了舍利。从这时开始，懿宗下令为迎佛骨做好准备工作。先是敕造捧真身菩萨，又令文思院造双轮十二环迎真身银金花锡杖及其他供奉物。咸通十四年（873）三月，懿宗下令组建了十余人的高规格迎佛真身班子，全是朝廷大臣和御封高僧。这年的迎佛盛况空前，长安倾城出动，官民齐做准备。其中用金银宝物制成宝帐香舁，用孔雀毛装饰宝刹。宝刹小者高一丈，大者二丈。抬一宝刹要用轿夫数百人，"工巧辉焕，与日争丽"。又动用大批的珊瑚、珍珠等物点缀于幡幢之上，用掉珍宝不下百斛。都城百姓，奔走相告，热闹非凡。从长安的开远门到法门寺三百里，一路上车马相属，人流不断。四月初八，佛骨迎至京师。禁军兵仗在前面开路导引，公私音乐沸天烛地，绵亘数十里，比皇帝到郊外祭祀还要有气派，其规模远远超过元和年间。唐懿宗不但亲往佛寺顶礼膜拜，而且之后还把佛骨迎入皇宫内道场，设金花帐、温情床、龙鳞席、凤毛褥，把佛骨视为国宝。佛骨在皇宫中供养三日后送到安国寺、崇化寺，供百姓瞻仰。

　　由于懿宗的带头，长安城的佛教徒沉浸在痴醉的状态中。长安富人装饰车服，"驾肩弥路"，而四方百姓是挈老扶幼。来瞻仰的人"莫不蔬素，以待恩福"。为了表示对佛的尊敬，有人在佛骨前砍断左臂，用右手拿着砍下来的左臂，一步一叩首，血流满地。有的肘行膝步，爬着到佛骨前。有的用牙咬断手指，在佛骨前发誓许愿。有个僧人将艾草堆放在头顶上，点火一烧，痛得不行，大声叫呼，称这举动是"炼顶"。有人要把他从火里拉出来，他还不让。最后火越烧越旺，头顶焦烂。失去理智的人着实不少。有几位官员上疏劝谏，提出当年唐宪宗奉迎佛骨是误国害民，想不到懿宗头一摆，回答说："这辈子看到了佛骨，死而无憾矣。"官员们还有什么可以说的？

懿宗的话也真是有了应验，几个月后，懿宗晏驾，佛最后并没有很好地保佑他。僖宗即位后，下诏归佛骨于法门寺，一路上的仪式就大为简单了，热闹程度不及当初的十分之一。不过传说京城的男女老少仍是争着送别佛骨，呜咽流涕相谓说："六十年后一度迎真身，不知能于何时再见到了。"僖宗将舍利送回法门寺后，将帝后王公等人所赐的金银器、琉璃器、丝织物、法器、宝函等物全部随佛指送入地宫，并封闭了地宫。

唐懿宗的迎佛指，是法门寺佛舍利在中国古代历史上最后一次现世，将唐朝皇帝礼佛推向了高潮。法门寺地宫的封闭，一千多年来留给了人们一个又一个无限的遐想。直到1981年法门寺宝塔崩塌，1987年地宫挖掘，佛指舍利才重新现世。

唐朝厚葬之谜

唐朝是一个厚葬的时代，承袭了前代的厚葬和风水习俗。很多官员百姓"丧尽家财，以营大事"，而皇家的丧葬排场更是引导了社会风俗走向穷奢极欲。厚葬要有经济条件，唐朝人真的很富裕吗？

早在贞观前期，唐太宗就针对当时出现的厚葬热潮发表过一段评论："送往亲人的做法，详细地写在礼仪法典中，失礼违法的后果，刑书上也很明白，但勋戚之家多流遁于习俗，闾阎之内侈靡成风。一些人以厚葬来奉终，以建筑高坟来行孝，遂使得衣衾棺椁极尽雕刻之华，灵车冥器穷尽金玉之饰。富者违反法律而互相推尚，而贫者即使家里破产还在全力厚葬，这样的做法徒伤教义，无益泉壤，为害实在是太深了。"

唐朝刚建立时，经济的发展很有限，丧葬上一般还没有形成十分铺张的风气。没过几年，贞观之治出现，社会财富增加了，生活上的奢侈之风就流行起来，反映到丧葬上就出现厚葬的风俗。社会风气一般是上行下效的，所以厚葬之风实际上是从帝王和高官、富商中首先出现的。皇帝陵墓修筑上的穷奢极欲自不待多言，而高官、富商们的厚葬在唐太宗时初露端倪，至唐高宗时期就已经蔚然成风。

宰相李义府要改葬祖父，三原令李孝节认为拍马屁的机会到了，私自征发了丁夫车牛载土筑坟，日夜不息。高陵、栎阳、富平等七县因为李孝节这样做了，不去帮忙肯定不行，于是也马上课丁车赴役。高陵县令张敬业本来就胆

唐·鸿雁折枝花纹银杯

小，人又老实巴交，拼命地想表现自己，结果不堪其劳，死于工地上。王公大臣以下，互相争着送东西，因此李义府丧葬所用的羽仪、导从、器服等一大堆，穷极奢侈。会葬的时候，车马和为祭奠搭的帐篷，从灞桥到三原的七十里路上，相继不绝。商人们有了钱，当然也会这样做。唐高宗曾下诏给雍州长史李义玄说："商贾富人厚葬越礼，卿可严加捉搦，勿使更然。"既然要地方官出面来管这样的事情，说明厚葬死者已不是个别现象了。

这个时期在社会上也有一股反厚葬的风潮，而且声势不小。一些人主张对死不应有什么恐惧心理，要顺其自然。有个叫贾德茂的人说："生者气聚，死者气散，聚散之间，天道常理。"唐高宗时的刑部尚书卢承庆说："死生至理，亦犹朝之有暮。"社会上流行阴宅风水，一些人还著书立说，当时流行的就有一百二十家，吕才在得到唐太宗的命令后编了《阴阳书》对这种风气进行痛斥。他说，朝市迁变，活人尚不能预测将来；泉石交侵，死人怎可先知于地下？一些人认为富贵官品都是由于安葬得好坏所决定的，人的寿命长短是由坟垄导致的，其实根本不是如此。他认为人臣名位，进退自有其规律，有的人最初处于很低的位置而后来就尊贵了，有的人最初官位很高而后来就不行了。下葬以后，墓的位置是不能更改的，一旦墓一造，更是不能变化，但为何人的名位却时有高低？所以官爵怎样，根本不是墓葬所决定的。

一些有识之士提出了丧事从简的言论。如唐太宗的长孙皇后死前就对太宗说："自古圣贤，皆崇俭薄，惟无道之世，大起山陵，劳费天下，为识者笑。但请因山而葬，不须起坟，无用棺椁，所须器服，皆以木瓦，俭薄送终。"唐初宋国公萧瑀死前告诫其子一定要敛葬俭薄，他说："生而必死，理之常分。气绝后可著单服一通，以充小敛。棺内施单席而已，冀其速朽，不得别加一物。无假卜日，惟在速办。"名将李勣临死时也对家人说没必要埋金玉，只要布装露车载棺柩，棺中敛以常服，另加上一套朝服。明器只要制作五六匹马和十个木人，与古代礼仪相符就可以了，其他什么也不要。

上面这些人的认识当然是值得肯定的，但毕竟呼声很小，在整个社会厚葬的热潮中，他们的见解反而被人们认为是不解风情。唐中宗以后，厚葬潮一浪一浪地袭来。

唐中宗时期，官员们对自己家里的厚葬习以为常。《新唐书》说"群臣务厚葬，以俑人象驺眩耀相矜，下逮众庶，流宕成俗"。从上到下，厚葬已成为社会一大风尚。至于现今发掘的一些公主、诸王墓来看，不但墓室豪华，而且墓内放置着成百上千件的陪葬品，都可说明这一时期厚葬的程度。如陪葬乾陵的永泰公主墓，墓道两侧筑有五个过洞、六个天井和八个便房，散放着一千三百五十四件唐三彩骆驼、马、人俑等。墓内的壁画和藻井装饰，色泽精美艳丽。如果加上懿德太子和章怀太子墓，三个乾陵的陪葬墓中共出土文物达四千三百件。玄宗的开元、天宝时期，唐代社会的发展达到了顶峰，厚葬者的经济实力更足以支撑他们这样做。玄宗曾认为当时"共行奢靡，递相仿效，浸成风俗"，"冥器等物，皆竞骄侈，失礼违令，殊非所宜"。

唐睿宗时期，有个叫唐绍的左司郎中上疏说："我听说王公以下送终用明器等物，全部在法令上表明，根据品秩的高低，各有详细的描述。近来，王公百官都竞为厚葬，偶人象马，雕饰如生，只是用这些东西来炫耀路人，内心根本不是想遵守礼仪。由于互相煽动，破产倾资，风俗流行，连普通百姓也是在这样做了。"为了满足活着的人的心理，厚葬掀起了热潮。

中唐以后，厚葬之风仍未停息，很多官员百姓"丧尽家财，以营大事"，而皇家的丧葬排场更是引导了社会风俗走向穷奢极欲。唐懿宗时期，尽管唐朝的统治日落西山，同昌公主死时，仍然举办了盛大的丧礼，送丧队伍前后有三十里，"冶金为俑，怪宝千件实墓中"。《资治通鉴》上说葬同昌公主时，"凡服玩，每物皆百二十舆，以锦绣、珠玉为仪卫、明器，辉焕三十余里。赐酒百斛，饼餤四十橐驼，以饲体夫。上与郭淑妃思公主不已，乐工李可及作《叹百年曲》，其声凄婉，舞者数百人，发内库杂宝为其首饰，以八百匹为地衣，舞罢，珠玑覆地"。一些贵族官僚生前俸禄优厚，死时赗赠丰侈，为厚葬提供了经济条件。当然厚葬的目的不一样，有的人是想符合葬礼，有的人是想对死者表示竭诚哀悼。如钜鹿人魏仲死于唐敬宗宝历年间，其兄为了追天伦之情，尽力竭财，"以资窀穸"。除粮食、钱币外，大批明器、描绘日常起居的壁画就这样被埋入了地下。

过度奢靡的送葬之风也是厚葬的重要表现之一。《唐语林》谈到唐玄宗时期社会经济发展，财富增加的同时，一些有钱人出现了大肆操办送葬的情况："送葬者或当冲设祭，张施帏幕，有假花、假果、粉人、粉帐之属。然大不过方丈，室高不逾数尺。"这种情况遭到一些有识之士的批判。中唐以后，这种风气愈演愈烈，"祭盘帐幕，高至九十尺，用床三四百张，雕镂饰画，究极技巧"。代宗大历年间，太原节度使辛云京下葬日，各道节度使都派了很多人前来祭祀。范阳节度使的祭盘最大，上面用木头刻成尉迟敬德与突厥将领争斗的木偶故事，"机关动作，不异于生。"刚祭罢，灵车想走过去了，范阳的使者说准备好的内容还没有结束，灵车只能停了下来，范阳的祭盘上又开始了一组项羽和汉高祖的鸿门宴的人物动作，过了很长一段时间才表演完。披麻戴孝的送葬者被这一幕吸引住了，竟然停止了哀哭，津津有味地看起了热闹。厚葬之风的盛行，使得办丧事不仅仅是在给死者送行，更是对死者身份进行炫耀。在这种奢侈的送葬风俗下，工匠们高超的手工艺水平倒是展现得淋漓尽致。

厚葬之风的首创者当然是皇室，其次应该是节度使阶层。大乱之后，天下失控，一些节度使出身于中下层军官，素质不高，没有什么文化，突然之间掌握了一地的军政权，成为社会特权阶层中的一分子，便不知天高地厚，干点这种炫耀经济实力和政治地位的事情是很正常的。这种人凭了手中的军队，实际上成了地方的土皇帝，谁也管不了他们，因而他们有力地推动了厚葬之风向整个社会扩散。

厚葬的一个表现是相墓术大行于世。唐初吕才说当时讲阴阳葬术的书有一百二十本。唐代末年出了个杨筠松，专门研究地理风水的，官阶为金紫光禄大夫。传说他在这个领域内著作等身，写有《疑龙经》《撼龙经》《葬法倒杖》等专书。据《四库全书总目》，《撼龙经》是一本专门讲山龙脉络形势的书，《疑龙经》上篇讲关局水口，中篇叙述"面背朝迎之法"，下篇论结穴形势，为葬法风水提供了理论依据。杨筠松的地理风水派对后代的影响十分巨大，自宋至明"为人所道"。

在这些理论指导下，民间普遍将墓地的选择与子孙后代的兴旺发达联系了起来。皇帝皇后因为普天之下都是他们家里的，所以有权卜选陵地，能够保证他们的子孙永享恩泽。唐中期有位叫严善思的人就说："陵墓所安，必资胜地，后之胤嗣，用托灵根。"他又说："山川精气，上为星象，若葬得其所，则神安后昌。若葬失其宜，则神危后损。"地面上的地方与天上的星象是对应的，选择了好地方，子孙就能发达昌盛，反之选错了地方，那就对不起了，弄不好子孙马上就会衰败。一般稍有点财势的人也是相信风水的。开元间，集贤学士徐坚的妻子死了，就曾向人讨教风水的事情。

风水择墓唐人是十分看重的。《旧唐书》曾记载过这样的一件事：唐初温大雅想改葬其祖父，有个占卜的人说："改葬到新地点，会伤害哥哥而弟弟得福的。"温大雅说："如果我的弟弟能一直幸福康泰，我将含笑入地。"改葬后一年有余，果然他的弟弟发迹了，而温大雅死了。将这一段记载在正史上，说明《旧唐书》的作者还是比较相信祖宗坟墓风水的作用。坟墓地址的挑选看来是十分重要的，它既能为人带来好运，也能为人带来霉气。

唐朝厚葬的原因，固然与经济的发展水平有着密切的关系，但更可能与隋唐初年政府的一些制度也有紧密关联。如隋文帝在上台不久曾颁布新制定的丧制，"著令皆为定制，无相差越"，要求上至王公、下逮庶人全面遵守。至唐朝，这样的法令还在继续完善。比如人死后，对死亡的称呼是各不相同的，三品以上的官员称薨，五品以上的称卒，六品以下至于庶人称死。死者嘴巴里的饭含也有不同，三品以上的用粱和璧，四品和五品用稷与碧，六品以下用粱与贝。死者墓碑上的题字、大小和形状等都有按照身份的一套规定。明器的使用也有规定，如三品以上可用九十事，五品以上为七十事，九品以上四十事。至于庶人，那就看着办吧，但不允许超过官员的。坟墓的大小与官品的高低成正比，如唐代一品墓地九十步，高一丈八尺；二品八十步，高一丈六尺；三品七十步，高一丈四尺，往下以此类推。墓前石刻，三品以上可以放六件，五品以上放四件。这样，在政府的规定下，官位高的人可以把墓造得很高很大，里面可以葬进很多陪葬品，官位低的人标准只能走低。不过处在这个时期，人们当然会想，他们做高官的人可以好好地安葬，那么低级官员和老百姓为什么不能偷偷地将亲人葬得好一点呢？特别是当社会上一般的人也有经济实力这样做时，尤其是一些富商大贾，他们当然会以这些高官为榜样，共同推动厚葬风气的流行。

唐朝冥婚之谜

把素不相识、毫无关系的一对男女，死后埋在一起，称为冥婚，也叫鬼婚、幽婚、嫁殇。这种风俗其实是一种鬼魂崇拜的表现，主要是活人惧怕亡魂返家作祟，通过冥婚想替死者解决与活人一样的实际生活问题，从而求得心理平衡。

冥婚习俗从古就存在，《周礼》中有"禁迁葬者，与嫁殇者"。汉代郑玄说："迁葬谓生时非夫妇，死既葬迁之，使相从也。殇，十九岁以下未嫁而死者，生不以礼相接，死而合之，是亦乱人伦者。"如此看来，一对活着不是夫妻的人，死后迁葬到一起成为一对夫妻，这就是冥婚。另外，少女到了十九岁未出嫁，死了以后由家里人做主把她嫁给一个男子，使他们在阴间成婚，这叫嫁殇。官方虽然禁止这样违反人伦的婚姻，但民间看来是很有市场的。

唐代，上至皇家贵族下到普通百姓，冥婚十分流行。《旧唐书》载武则天的儿子懿德太子被武则天杖杀，唐中宗即位后追赠为太子，并且相中了国子监丞裴粹的亡女为冥婚，合葬在同一墓穴中。20世纪60年代考古发掘时，的确在懿德太子墓的石椁中，见到男女骨架各一副。淮阳郡王韦洞武则天如意元年（692）死，当时年仅十六岁，因为是韦皇后的弟弟，唐中宗制令与太子家令崔道猷的第四个亡女为冥婚，崔家亡女以妃子的形式与韦洞合葬在一起，并且赙赠布匹千段，米粟五百石，衣服九袭，还赐东园秘器，下葬的那天让四十人羽葆鼓吹仪仗送至墓所，仪式办得极为隆重。

令人发噱的是，冥婚还可以反悔的。唐中宗韦皇后得势的时候，自己的亡弟韦洵不仅封赠为王，而且还为他找了大臣萧至忠的亡女作为老婆，合葬在同一墓穴中。后来韦皇后政治野心没有实现，自己与党羽全部被杀，萧至忠就反悔了，挖掘了韦洵的墓，把女儿的灵柩从合葬墓中取出迁走。

《太平广记》的一些故事里，也常会出现冥婚的内容。如有一则故事说天宝初年，会稽主簿季攸外甥女恨其舅只嫁亲生两女而不管她的婚事，忧郁而死。这位外甥女死后勾引季攸手下胥吏睡到了一起，要求季攸成全他们，季攸没有办法，只得设冥婚礼让他们结合。长洲县丞陆某的女儿十五六岁时投井死了，父母亲很悲痛，暂时将她殡葬在长洲县。一年后，有一位姓陆的年轻人省亲经过殡宫，碰到一个女婢，对他说有位姑娘要见他。陆某随婢到了她家，见到了陆县丞的女儿。陆女说："我不是人，是个鬼，想请你代

唐·莲瓣花鸟纹高足银杯

为传一下话。现在临顿李十八向我求婚，我是不能自作主张决定嫁人的，你最好能对我父亲说一下，如果他准许的话，你就再到这儿来转达一下。"不久消息传到陆县丞处，他叹息不已，马上派人去寻临顿李十八，果然有这个人，当时身体很好，说给他听这件事竟然不信。没过几日李十八得病，又过几日死了，全家十分痛心，于是就让李十八与陆县丞女结为冥婚。这些故事肯定都是虚构的，但将冥婚引入其中，反映了社会上少男少女死后结为冥婚是十分多见的。

冥婚是活人在操办，所以把事情的经过按照人间的思路搞得十分复杂。冥婚中要撰写祭文，男女双方之间还要往返书信纳聘。在《敦煌变文集》中，我们看到了冥婚是要订《通婚书》的，有人也称之为《冥婚书》，这种书是刻写在玉制的迎亲版上。双方家长在为夭亡的男女举行冥婚礼时，要在祭祀的过程中间将此书宣读一遍。冥婚的男女先要订冥婚，互有书信纳聘，双方还要互赠信物，男方从女方的随葬品中取出心爱的物品，并放入所赠物品，作为通婚的标志。由于男女均已早逝，而且大多分别埋入坟墓多时，在一番婚仪之后，要临圹起棺，分别拣出男女的尸骨，将之合葬于一个墓穴，有的还会同葬一棺之内，这就是时人说的"以骨同棺，共就坟陵"，"白骨同棺，魂魄若合"。临圹起棺要选好日子，双方家长还要进行墓祭，读起圹文。

中唐以后，冥婚越来越少，可能当时的政府和社会上都有人不赞成这样做。五代时政府是不赞成冥婚的，认为是民间的陋俗。唐明宗见到愈演愈烈的冥婚曾大发其火："婚吉礼也，用于死者可乎？"还命令大臣刘岳对当时的有关礼法进行改进。社会上也有人反对，有位李三十三娘在唐宪宗元和三年（808）死了，当时年仅十七岁，遂葬于外兄之墓，她的家人认为："若神而见知，幽魂有托，生为秦晋，没亦岂殊，何必卢充冥婚然？"尽管如此，要想改变千年前就已形成的习俗，谈何容易，因此冥婚实际上还是存在的。

冥婚之中有一种比较特殊的，是活男人娶死女尸。《太平广记》曾记录有这样的一个故事。有个叫王乙的人，因想做官，到京城里参加考试，经过李氏庄，远远地看到一个十五六岁的少女，十分喜欢。于是通过侍婢与少女见了面，两情相悦，十分开心。到了半夜里，少女病了。王乙说今天这样开心，你有何不畅？少女说，不是我感到不开心，而是刚才出门时，门关上了，我就翻了一下墙头，墙角下有一把铁耙，耙齿刺痛了我的脚，现在是彻心痛，痛不可忍。如果我死了，你有情的话，过几天再来看看，要来安慰我的幽魂。后来王乙得官东归，经过李氏庄，听到李氏女已经死了，就与侍婢拿了酒菜至殡宫外祭拜，伤心地痛哭。不一会儿，见到少女从殡宫中出来了，王乙就伏地而卒，侍婢看到王乙魂魄与少女一起进入了殡宫。王李二家见到事已如此，就为两人举行了冥婚。

由于让一个大活人与女尸成婚是十分残酷的，不仅民间不会认同，而且官方也会禁止的，所以这个故事里最后让王乙伏地而卒，男方殉情之后再成冥婚。

五代何光远《鉴戒录》记载：蜀地有个孝廉叫曹晦，游历彭州导江县灌口，谒李冰庙，看到里面有土塑的三个女神，都十分靓丽。他指着第三个女像发誓说："愿与小娘子为冥婚，我就终身不结婚。"还拉着女神的手不放。巫者对他说："李冰相公请曹郎留下身上的一件衣服，这事就算讲定了。"曹晦就脱下汗衫留给了女神。巫者又将一件女红披衫给他说："希望曹郎珍藏这件衣服，两年以后就能结为婚姻。"曹晦深信不疑，竟然不结婚，即使碰到很漂亮的女孩子，也不动一点心。923年，曹晦觉得自己气很弱，想想大概是与女神约好的时间到了，就洗干净身体，穿戴好衣服，等女神来接他。这天至黄昏时，只见许多车马来到曹家门口，街坊邻居纷纷前来观看。至二更，曹晦升车而去，人们不知到底是什么原因，到天亮时再一看，曹晦已经死了。当时有人认为这是华岳灵姻，但很多人说这是乱讲，大概是妖怪在作祟。用今天的眼光来看，其实这可能是一种冥婚。

这个冥婚故事更是离奇，它将一个活人与死人的成婚原则推进到一个活人与一个女神像之间的婚姻，这样的说法就将冥婚演化到了一个更为新颖的阶段。

唐代男子"惧内"之谜

"惧内"俗称"怕老婆"。在男女平等的当今社会，这种现象并不鲜见，如果有哪个男子惧内，朋友们还常常会开玩笑地说他得了"气管炎"（妻管严）。然而大家是否知道，在唐代崇尚男尊女卑的夫权社会中，也存在惧内现象？

在唐代，盛行着一股"惧内"之风，怕老婆几乎成为上层社会男子中流行的通病。翻开唐代的史书或史传笔记，关于男子惧内的记载真可谓千奇百怪，不胜枚举。

比如《太平广记》中就有两则关于惧内的故事。舒州的军卒李延璧与朋友在外宴饮，连着三天没有回家，他的妻子便叫人传话给他："如果回来，就用刀杀了他！"李延璧听后恐惧万分，只得哭着向当地的州牧求救，搬到佛寺中居住。

四川有一个功臣，家里姬妾成群，但是由于妻子妒忌成性，所以他一直不敢靠近她们。妻子临终前对他说："我死了之后，如果你敢靠近家里的姬妾一步，我马上来取你的性命！"妻子去世之后，这个功臣便开始宠幸一个女婢，然而，有一天晚上，两人刚要就寝，便听见窗外一声霹雳，床的帷帐也都裂开，功臣以为是妻子的鬼魂显灵，当场被吓死了。

惧内的风气唐代以前就已是一种社会现象了。隋炀帝的母亲独孤皇后就是当时有名的妒妇。她对隋炀帝杨坚监视得很紧，不准他临幸别的嫔妃。尉迟迥的孙女长得很漂亮，杨坚在仁寿宫看见后，非常喜爱，于是便召幸了她。独孤皇后侦知此事后，趁杨坚上朝时派人暗杀了那美人。杨坚知道后大怒，但又无奈，只能独自一人从御花苑出去，信马由缰，跑进山谷二十多里。大臣杨素等知道马上前去追赶，扣马苦谏，劝杨坚还是回朝为好。杨坚叹息地说："吾贵为天子，而不能自由。"独孤皇后不但不准杨坚碰别的女人，看到诸王及朝士有妾怀孕的，一定要让杨坚骂他们一顿。

到了唐代，男的惧内和女的妒劲十足，成了时代风尚。《隋唐嘉话》中记载，房玄龄夫人妒得十分出名。唐太宗曾经想赐美人给房玄龄，房玄龄坚决不肯接受。太宗知道问题出在哪里，就让皇后召房夫人来做工作，告诉她大臣有媵妾之类的女人是十分正常的，而且房司空年岁已高，皇帝只是想特别优待他一下。女人对女人本是好说话的，但房玄龄夫人就是不同意，而且态度十分坚决。唐太宗于是下令说："你是想不妒而留条活路，还是想宁妒而死？"房夫人说："妾宁妒而死。"太宗由是让人送去一杯酒，对她说："如果是这样，那就饮下这杯毒酒吧。"想不到房夫人真的毫不犹豫地喝了下去。一个女人到了连死都不怕了，皇帝就对她没办法了，感叹说："我看到她都有点怕了，更不要说房玄龄了。"

还有人怕妻子到了非常可笑的地步。唐高宗问司戎少常伯杨弘武为何无故把一个重要的官职授予某人，他回答说："臣的妻子性情非常刚烈强悍，昨天她把这个人托付给我，臣如果不依从她，将来的生活恐怕会永无宁日。"

《朝野佥载》中记载的故事与上述《隋唐嘉话》正好相反：贞观年间，有一天桂阳令软嵩在自己家的客厅举办宴会，他的妻子得知他在宴会上召了几个女歌奴，便披头散发，赤着双脚，带着大刀冲到客厅，客人们都被吓得四散逃跑，软嵩也吓得躲到了床底下。刺史得知后气愤地说："妇强夫弱，内刚外柔。一个妻子都不能好好管教，又如何能够管理地方上的众多百姓？"于是他解除了软嵩的职务。

再如《御史台记》中记载，唐朝的管国公任瑰特别害怕自己的妻子，这一点常常被同朝为官的杜正伦所讥笑。一次，当杜正伦又嘲弄他的时候，他振振有辞地反驳说："害怕妇人是应该的，理由有三：初娶之时，她端庄的像菩萨一样，哪有人不怕菩萨的？后来生儿育女了，她就像一个生孩子的大虫，哪有人不怕大虫的？等她年老了，满脸皱纹，像鬼一样，哪有人不怕鬼的？"

《北梦琐言》中关于惧内的记载也不少：尚书张褐与外面的爱妓生了一个儿子，但是由于害怕妻子忌妒，所以一直不敢接回家，把他寄养在离家甚远的江淮一带，直到张褐去世，这个儿子回来奔丧，家里的兄长们才知道自己还有个弟弟。

中书令王铎带兵在前线打仗，甚是威风，忽然有人来报，说他夫人正在来看他的路上，王铎顿时惊慌失措，对他的幕僚说："黄巢正从南边向我们逼近，现在夫人又从北面来了，我该怎么办啊？"幕僚开玩笑地回答："不如向黄巢投降。"

除此之外，唐代皇帝惧内的现象也不少，其中以高宗、肃宗、中宗怕妇的故事最为典型。相传中宗非常害怕韦后，一次在皇宫内部举行的宴会上，优人竟然当着他的面唱道："回波尔时栲栳，怕妇也是大好。外边只有裴谈，内里无过李老。"据说唱完之后，这名优人还得到了韦后的赏赐。

看了以上五花八门的惧内故事之后，读者们肯定要问，唐代的惧内之风怎么会如此盛行呢？这个问题也引起了学者们的广泛关注，他们经过研究认为，唐代惧内之风盛行于中唐以前，而且大多集中在上层社会的男子中，其程度在历史上堪称惧内的典型，而当时的社会舆论也并不以惧内为耻。出现这一现象的原因可能有以下几点：

首先，在中唐以前，社会风气比较开放，妇女的地位也较高，尤其在上层社会的家庭中，夫妻的地位往往不相上下，甚至在一些家庭中，妻子的地位要高于丈夫。由于妻子出身名门望族，有钱有势，所以对自己的丈夫不屑一顾。唐代的婚姻十分讲究"门当户对"，当时的法律和礼教也十分重视门第，"良贱不婚""贵贱不婚""士庶不婚"的观念深入人心。因此，士大夫阶层中的很多人都把进士及第和娶高门女为妻作为人生的最高理想。例如《隋唐嘉话》中就记载已经成为宰相的薛元超，常常对别人说起平生有两大遗憾，一是自己虽贵为宰相，但不是进士出身，二是未能娶得五姓女为妻。这"五姓女"指的便是当时社会上最有名望的五大家族的女儿。然而这种一味追求门第的婚姻有时候并不美满。以公主和驸马的婚姻为例，公主是金枝玉叶，长期在宫廷中养尊处优的生活形成了她们高人一等的心理和骄纵跋扈的性格。根据《资治通鉴》的记载，公主下嫁之时，不但不用向公婆行拜，反而公婆要向她行拜。《旧唐书》中说，公主死后，驸马要像为父母服丧一样，为她服丧三年。加上唐代的公主往往无视当时一般的妇女所应遵守的种种妇道，试想这样的夫妻关系，驸马怎能不忍气吞声，备受公主的挟制呢？不仅如此，中唐以前，上自公主，下至富家女，依仗自己娘家的势力，贱视甚至欺凌丈夫的现象并不少见。针对这种时弊，白居易也在诗中感叹道："富家女易嫁，嫁早轻其夫。贫家女难嫁，嫁晚孝于姑。"

其次，丈夫惧内，与妻子本身的气识以及才情有关。唐代的社会背景比较开明和开放。上流社会的女子往往自幼便读书习字、吟诗作画，有的甚至骑马射箭、参加社交，她们从小接受的教育几乎与男子无异。这样的世风造就了一大批拥有较高文化素养和独立性格的女性。武则天、韦后、太平公主、安乐公主、上官婉儿、宋氏五姐妹等人便是她们中的典型。除此之外，许多一般士大夫家的妇女也不乏气识和才干。比如宋庭瑜的妻子魏氏，很会写文章，但是丈夫常年担任外职让她非常不满，于是她便写信给中书令张说，为宋庭瑜申理，并且一同寄去了一首自己所写的《南征赋》，最终如愿以偿。又如杜羔的妻子刘氏擅长作诗，杜羔在京城连着几年都没有考中科举，于是便打算回家。当他快要到家的时候，刘氏派人给他送去自己写的一首诗："良人的的有奇才，何事年年被放回。如今妾面羞君面，君到来时近夜来。"杜羔见到这首诗后羞愧难当，立即转道赶回京城，经过几年的努力，最终考中了科举。

再次，丈夫惧内，与妻子对丈夫以及家庭的功劳或贡献是分不开的。以唐朝的著名宰相房玄龄和兵部尚书任瑰为例，当太宗赐给他们美人和宫女时，他们"屡辞不受""不敢以归"。堂堂的宰相和兵部尚书怎么也会惧内呢？根据《朝野佥载》的记载，有一次，房玄龄在病危之时对自己的妻子卢夫人说："我快不行了，你年纪还轻，我死了之后，你不要为我守寡，找个好人家嫁了吧。"听了他的话，卢夫人哭着回到自己的房间，剔除自己的一个眼睛给玄龄看，意思是自己眼里没有别人。后来房玄龄逐渐康复，一生都和卢夫人相敬如宾。《朝野佥载》在同一卷中又记载：唐太宗赐给任瑰两个美妾，任妻因妒忌将两妾的头烫伤，头发尽脱。当任瑰的妻子接到太宗所赐的"毒酒"时，对丈夫说："我与你是结发夫妻，我们的出身都很贫贱，多年来相互扶持，才有了今天的荣耀。现在你有那么多宠爱的姬妾，我还不如死了算了。"这些情真意切的话语和举动反应了她们对于爱情的忠贞不贰，她们对于家庭的命运和丈夫的升迁曾经起到过重要的作用。面对这样的妻子，房、任两人不敢接受皇帝赏赐的美姬，也是在情理之中的。

最后，从男子自身的角度看，在夫妻地位不相上下的情况下，他们惧内，必然是因为他们也有理亏之处。而这理亏的地方便是他们喜欢纳妾狎妓的习性。

纳妾狎妓本来在封建社会的统治阶层中是司空见惯的事。先不说帝王所拥有的"三宫六院七十二妃嫔"，一般的朝廷官员大都也是三妻四妾，有的甚至姬妾成群。这种流传千年的一夫多妻的婚姻制度给男子的性自由以极大方便，而对女子却片面约束，要求她们遵守妇道，从一而终。在封建礼教的禁锢之下，绝大多数妇女们一直都是忍气吞声，逆来顺受。但是这种情况发展到唐代，却出现了一线转机：随着唐朝社会的开放、封建礼教的松弛和妇女的相对解放，在上层社会中地位较高的妇女，不堪忍受妻妾共处的局面，因此除了少数女子以婚外私通与丈夫对着干之外，大多数女子施展出了"妒"和"悍"的本领，从而限制或惩戒自己的丈夫。既然丈夫有把柄握在妻子的手中，那么他们害怕妻子也不足为怪了。

值得一提的是，有些男子惧内，是因为他们本身性格懦弱，当然，这种现象是极少见的。

学者们在分析了上述原因之后，还指出：虽然唐代的惧内之风极其盛行，但并不是说绝大多数男子都惧内。事实上，在长期的封建礼教的约束下，多数女子仍然默默地遵守着"三从四德"的铁训，上层社会的许多男子也还是安逸地过着他们一妻多妾的生活。以上所举的，不过是一些惧内的典型事例罢了。

《顺宗实录》作者之谜

　　唐朝记录皇帝言行事迹的实录今天只存一本，那就是署名为韩愈的《顺宗实录》。不过有人认为这本书根本不是韩愈所作，作者另有其人。一些人不同意，在详细分析后认为这本书的确是韩愈的作品，只不过韩书在唐朝有详、略两个本子，今天所见的是略本。真是如此吗？

　　实录是一种特殊的史书，每个皇帝都要编一部。唐代的实录比一般的国史更简要，从其性质上看是高于国史的"帝王之书"。一般情况下，唐朝君主在位时即已纂修本朝实录，君主逝世时往往要以本朝实录陪葬。唐朝的实录主要供帝王阅读，不像国史流传较广，大臣家里可以收藏。实录的体裁介于编年和纪传之间，主要是按时间先后顺序排列，但又要在具体的地方对人物、制度作出详细的介绍。由于实录的记述关涉到对帝王的褒贬，对重要臣僚的评价，唐朝统治者对实录的编修极为重视，因为这关系到列祖列宗和子孙后代，其意义甚至超过当代人的性命。因此整个唐代在编修实录的问题上往往会生出很多事情来，甚至会卷入到一场政治斗争中去。

　　唐朝列代都修实录，但今天完整保存下来的只有一部，那就是署名为韩愈的《顺宗实录》。这部书保存在《昌黎先生外集》中，由此我们可以看到唐代所修实录的真面目。

　　这部《顺宗实录》按理来讲为韩愈编纂是没有问题的，但我们惊讶地发现实际上《顺宗实录》不止一部，那么今存的这部作者是韩愈吗？

　　司马光《资治通鉴考异》中有一段话，使我们对今本《顺宗实录》的作者更是生出许多疑问来："景中，诏编次《崇文总目》，《顺宗实录》有七本，皆五卷，题曰'韩愈等撰'。五本略而二本详，编次者两存之。其中多异同，今以详、略为别。"司马光看到了两种《顺宗实录》，一种是详本，一种是略本。《旧唐书》也记有唐人韦处厚编撰过三卷本的《顺宗实录》。那么韦处厚的三卷本是否就是略本，而韩愈的五卷本是否就是详本？今天所见的是韦本还是韩本？后人疑窦丛生。

　　一种新观点认为今本《顺宗实录》是韦处厚编撰的，作者不是韩愈。张国光先生认为韩愈的《顺宗实录》在北宋靖康之难时亡佚了。元和九年（814）韩本定稿时，韦本已经流传，故司马光所见的详本就是韩本，略本是韦本。《旧唐书·顺宗本纪》末引用了大段韩愈的话，却不见于韩愈集中的《顺宗实录》，因此今本《顺宗实录》的内容与刘所

韩愈

看到的本子不同，当是韦本无疑。韩愈的那个本子已经亡佚，但仍可考见。这种观点也得到了一些人的赞同，他们认为韩愈所撰《顺宗实录》没有流传下来，其原因是"书禁中太切直"，遭到了宦官的不满，因而全部加以窜改。

很多人仍持传统的观点，认为今天的《顺宗实录》作者的确是韩愈。瞿林东先生认为韩书是以韦处厚的《先帝实录》为基础，但增补和改动很大，是与沈传师、宇文籍等人共同改编的。纂修于元和八年（813）十一月，完稿于元和十年（815）夏，历时一年半左右。此书为什么要修改？韩愈是个有操行、坚正品格的史学家，他撰述实录时的宗旨是直书，如实地记述了"宫市""进献""杂役"等陋政。唐文宗时对他的这部实录进行修改，不是韩愈史才不够，而是宦官们讨厌他叙述的禁中事太切直，引起了朝臣的反对，因而之后路随修改时只是依旨略删其中"禁中事"以塞责，改动并不大。他认为司马光所见的略本应为韩改本，即路随修订本《顺宗实录》无疑。而《旧唐书·顺宗实录》后论中韩愈的话，是文宗朝遭宦官删改的结果。他不同意张国光等人的观点，认为今本是韩改本无疑。韦处厚所修的《顺宗实录》三卷是在韩愈之前。

持这种观点的其他学者指出，《旧唐书·顺宗纪》末引史臣韩愈的一大段话，在《实录》卷首可以找到，只是文字繁简小有不同，因此张国光的观点是难以成立的。韩愈《顺宗实录》共有三稿，三稿都是五卷，但互有详略，司马光所见的详略本均是韩愈撰，则说明详略本是韩愈修改前后的不同稿本。且韦本只三卷，而司马光所见的均是五卷本。再者韦处厚的文章风格和韩愈的不同，而今本《实录》的文章风格也与韩愈散文风格一致，因而今本《实录》必定是韩愈的作品。

一些人认为今天所见的《顺宗实录》是韩愈所作的简略本。著名学者卞孝萱在将《旧唐书》《册府元龟》《顺宗实录》进行对照比较后，认为《旧唐书·顺宗本纪》中韩愈的话实际上是从《顺宗实录》的详本中摘取的。在将《资治通鉴考异》中所引的详略本史料进行了比较后，他认为今本《实录》是韩愈的略本。他又从韩愈的散文文笔着手，从文章角度证明了《顺宗实录》是出于韩愈的手笔。又将《永贞行》中对永贞革新和王叔文集团的态度与《顺宗实录》进行了比较，认为两者口吻如一，因而他指出今本《实录》必为韩愈所作。详本和略本有一些差别，但主要是删除了一些"禁中事"而已。

也有人指出，司马光所见详本是韩愈的原书，而略本是文宗大和五年（831）路随的删改本。今本《实录》是略本，"略本虽非韩录原状，但不得谓非韩氏本文"。

这本唐代唯一保存下来的实录，到底是谁的作品，看上去一时还难以解释得清楚。张国光不但认为今本不是韩愈所作，韩愈之作已经亡佚，而且自己说已开始对亡佚的韩书在做辑佚工作，我们盼望着他的辑佚成果能早日面世。同时很多人仍是坚持今本是韩愈作品，提出的论据确凿肯定。这个重大谜案何日能解决呢？

《霍小玉传》之谜

《霍小玉传》是唐人小说中最有名的作品之一。李益和霍小玉之间所发生的爱情悲剧，曾经给很多读者留下了深刻的印象。但是你有没有想过，与一般的小说不同，《霍小玉传》并非是作者虚构出来的，它也许是一个真实的故事？

作为唐人小说的代表作，《霍小玉传》一直受到历代学者的关注和好评。胡应麟把它称为"唐人最精彩动人之传奇"。这是一篇描写士子倡女爱情悲剧的作品，汤显祖的名著《紫钗记》即据以改编。

小说的主要内容是这样的：男主人公李益自命风流，请媒求取佳偶。霍小玉原是霍王庶出小女，当时与母别居于外，也想求一好儿郎格调相称者。经媒人撮合，一对才子佳人走到了一起。小玉因本是娼家，感到配不上李益，顾虑重重，认为两人之间的欢爱可能不会长久。李益写下帛书作表白，"引谕山河，指诚日月"，表示自己对爱情是绝对忠诚的。两年后，李益登科授职，将回家省亲。小玉向李益提出两人保持关系以八年为期，八年之后李益可另择高门。李益答四个月后就来迎娶小玉。李益回到家，母亲早已为他定亲卢氏，遂不敢违抗母命。李益逾期不归，小玉忧思成疾。之后李益回到长安，小玉想见他，李益一再回避不见。李益的所作所为引起了文人士大夫的不满，一位黄衫豪客挟持了李益来到小玉家。这时的小玉病情已十分严重，但还是强自起床，痛斥李益，发誓一定要报仇，长恸而绝。小玉死后，李益家里果然不得安宁，李益对妻妾疑心重重。

长期以来，文学研究界认为它是虚构的小说之作。例如游国恩先生等主编的《中国文学史》中就说："作者托名李益，创造了一个心理活动比较复杂的薄幸男子的形象。"吴组湘先生等编写的《历代小说选》也说："说小玉是霍王小女，这是小说的一种假托。"然而随着大家对这篇小说研究的不断深入，渐渐有学者经过考证后发现，不仅小说中的李益、霍小玉、霍王等确有其人，而且李益和霍小玉的爱情婚姻悲剧发生的时间与活动地点也确凿无误。

霍小玉是《霍小玉传》中的女主角。小说中霍小玉的母亲净持是霍王的宠婢，霍小玉则是霍王的爱女。但是霍王死后，家里的其他兄弟都嫌弃她们出身低贱，所以和她们分了家。因此，要弄清楚霍小玉是否真有其人，首先要搞清楚她的父亲霍王是谁。

张友鹤在《唐宋传奇选》中说霍王指的是唐高祖的儿子李元轨。徐士年、蒲戟、谢孟等人也基本认同这一观点。但是有学者认为这一说法是错误的。

在小说中，霍小玉曾经在大历六年（771）对李益说："妾年始十八，君才二十有二。"据此推算，她应当出生于天宝十三载（754）。然而根据史料的记载，这时李元轨已经去世六十六年，因此，他和霍小玉不可能做父女，"霍王"一定另有其人。经过一番考证，学者们找到了霍小玉的父亲，他应该是李元轨的曾孙李晖。

在知道了霍小玉的父亲是谁之后，霍小玉的身世也就明白无误了。她虽然曾经是霍王的掌上明珠，但是父亲死后，由于出身低微而和母亲一起被赶出家门，这在宗法制度森严的封建社会中是不足为怪的。

李益是《霍小玉传》中的男主角。唐人赵璘《因话录》和《新唐书·李益传》中都曾提到，当时一共有两个李益，一个是尚书李益，人们又称他为文章李益或诗人李益，另一个是门户李益。《霍小玉传》中的是尚书李益。小说开篇便介绍了李益的身世：籍贯陇西，大历中进士及第，登第时年仅二十岁。登第后的第二年，他去了长安，住在新昌里。出生名门。柳宗元在《先君石表阴友记》中说："李益，陇西姑臧人，风流有文词。"后来计有功和晁公武也都在自己的著作中说他是陇西姑臧人，所以小说中所说李益的籍贯是属实的。关于他考中进士的时间，则有陈振孙《直斋书录解题》和辛文房的《唐才子传》等为证，两本书中都说李益"大历四年进士登第"。李益在《从军诗序》中说自己在安史之乱时，刚刚八岁。安史之乱是在天宝十四载（755）十一月，所以他应该生于天宝七载（748），大历四年为公元769年，这样算来李益考中进士那一年的确是二十二岁，这说明《霍小玉传》中写他中进士的年龄也是真实的。《旧唐书·李益传》中记载，李益是肃宗时的宰相李揆之的族子，所以小说中说他出身名门也是事实。

看过《霍小玉传》的人都知道，小说中的李益是一个风流才子。霍小玉的母亲第一次见到他时，便称赞他"才调风流，仪容雅秀"。柳宗元就曾评论诗人李益"风流有文词"，宋育仁在《三唐诗品》中更是称李益"如落花依草，妍然妩媚"。可见小说在这一点上没有虚构。此外，小说中还提到过李益诗中的一句名句："开帘风动竹，疑是故人来。"经过学者的考证，这句诗确实为诗人李益所作。

另外，在《霍小玉传》的结尾部分，作者用很多笔墨描写了李益嫉妒猜疑的毛病。关于这一点，也有很多史料可以证明。比如柳宗元曾说他"少有癖疾，以故不得用"。李肇在《国史补》中说他"多思虑，多疑惑"。《旧唐书·李益传》中更是说他："多猜忌，防闲妻妾，过为苛酷。"这样看来，小说写他"妒痴""心疾"都是真实的。

为了证明《霍小玉传》的真实性，学者们还提出了另外一个很重要的证据，那就是：历代的史学家和方志学家都很重视这篇小说，并认为其有史料价值。例如清朝的大学问家徐松，他长于史学，并且精通史志，曾经奉朝廷之命主持编写《全唐文》，花了四十年的时间完成著名的史志著作《唐两京城坊考》，总结了从唐代到清代对长安和洛阳的研究，书中曾经多次引用《霍小玉传》。又如当代史学家武伯纶也在"李举益宅""霍小玉宅""侯景先宅""新昌坊"等处引用《霍小玉传》。

然而，虽然在《霍小玉传》的真实性上许多学者都提出了有力的证据，但是关于这一问题还是存在很多疑点，因此，到底它是虚构的小说还是纪实之作，目前在学术界还未有定论。

也有人认为这篇小说并不是真正在描写爱情，而是作者蒋防为迎合元稹、李绅的政治需要，有意攻击李益而作的，是早期牛李党争的产物。

卞孝萱先生认为唐代的传奇大都在结尾处要么交代故事来源，要么发一通议论，而《霍小玉传》既没有议论，也不交代故事的来源，这是有着特殊原因的。小说中的主人公李益，与李逢吉、令狐楚关系密切，而小说的作者蒋防与元稹、李绅关系密切。唐宪宗末年，元稹、李绅与宰相令狐楚关系恶劣，这样元稹等人对李益也就不会有什么好感。元和末、长庆初，元稹、李绅乘令狐楚贬谪在外、李益孤立无援的机会，排挤李益。当时想到的方法就是用文艺作品攻击李益重色而又负心，使他声名狼藉，蒋防就承担了这一巧妙的任务。因此这篇小说不是描写爱情的，是朋党之争的产物。

小说中记述李益生平的地方，多与史书记载不合。为何如此错乱呢？蒋防与李益同仕于朝，不该出现这么多的错误。卞孝萱推测可能是故意如此的，这样使李益不能当真，无法诘问。小说中有许多令人生疑的地方。如女主角霍小玉本姓李，按唐代的法律，李益与她是不能结婚的，唐代同姓为婚要徒二年，而小说中的李益却与小玉有盟约，差一点结成婚姻。李益在郑县任上有两次请假，均超过一百天。而据唐朝的规定，如果职事官假期超过一百天就要停职。蒋防写李益与一个不应该结婚的同姓女子同居并有盟约，是为了突出李益的重色。又写李益为了抛弃小玉，在两次不可能有的长假中故意不见小玉，这是为了突出李益的负心。

卞先生的结论认为这是一篇攻击政敌的传奇，是一个捏造的故事，所以传奇的结尾处避而不谈故事的来源与写作的经过。作者不直接批评李益道德败坏，而是借传奇中形形色色的人物之口发表议论，手法十分狡猾。

《霍小玉传》是一篇艺术境界达到上乘的传奇，至今仍有许多谜案吸引着人们的目光。

《枕中记》主角原型之谜

　　唐代的传奇小说，根据作品的寓意，可以分成许多种类。这些作品寓意深刻，成就较高，可以指事陈情，意含风谕，是研究唐代历史的重要资料。沈既济的《枕中记》也是一篇影射时事的小说，不过主人公到底是以谁为原型，人们还没有统一的意见。

　　唐代传奇《枕中记》记述了这样的一个故事：开元中，有神仙术的道士吕翁在邯郸邸舍，见到一个衣着短褐、乘着青驹的青年卢生，也住在这个邸舍。两人共席而坐，谈得十分欢畅。不久吕翁听到卢生长叹之声："大丈夫生世不谐，困如是也！"吕翁看到邸舍主人还在蒸黍，遂从背包中拿给卢生一枕。卢生头靠着枕头睡了，梦中与崔氏结婚，中了进士，出将入相。后来虽然两遭陷害，贬谪岭表，但还是冤情大白，年逾八十而亡。卢生梦醒，却发现邸舍主人蒸黍尚未熟，吕翁坐其旁，才知这是黄粱美梦。

　　这篇小说的作者是沈既济，早年官为左拾遗，后因事贬谪处州，入朝后位终礼部员外郎。一些专家考订后认为，小说作于唐德宗初的建中二年（781），即沈既济自左拾遗贬谪处州的途中。

　　很多学者认为，这篇小说寓意深刻，是在影射时事，寄托愤慨。作者是针对了某种社会现象而创作的，主角卢生其实是讲了一个真实的人物。那么卢生的原型是谁？

　　1985年，著名学者卞孝萱先生在《中唐政治斗争在小说中的反映》一文中首先提出《枕中记》是建中二年沈既济受杨炎牵连贬谪处州后有激而作。1986年，卞先生来到笔者所在的学校讲学，当时笔者是隋唐史专业二年级的硕士研究生，能有幸聆听先生讲课半月有余。记得先生当时是肯定地告诉我们，《枕中记》的原型不是别人，是中唐改革家杨炎。之后，学术界也有部分学者使用了唐传奇证史的研究方式，得出了不少成果。关于《枕中记》中卢生的原型，人们提出了不同于卞先生的一些看法。

　　丁范镇先生在《枕中记的主角研究》中认为，传奇作者沈既济是在建中年间生存的人物，他是拿了比自己生存早半个世纪而且为万人所羡慕的张说作为原型的。他认为卢生梦中的一生与张说的生平大体一致，早年都是科举及第做了校书郎，开拓了他们的前途光明的官途，后来都是击退了吐蕃的侵略，为国家立下大功劳，得到皇帝的信任恩赏。张说和卢生都受到同列的猜忌，受到严重困辱；但在最困苦的时候，得到了宦官（高力士）的帮助，从逆境中脱出。张说和卢生都为国家立了大功，后被册封为燕国公。卢生和张说一致的地方有很多，他们的儿子们最后都成为显贵，"当时的荣宠没有能与之相比"。张说和卢生到了晚年得病时，皇帝都派了宦官前去探病，送良药，表现出了最大的关心。

郭子仪

反对者认为，张说的生平事迹与小说中的主角卢生有很大的不同。据张说的墓志铭知道张说的祖籍在范阳方城，而卢生的籍贯小说中说在山东；张说的夫人是尚书右司员外郎元怀景的女儿，而卢生的夫人是清河崔氏女，一为少数民族出身，一为世家大族；张说一生被贬三次，卢生只被贬过两次；张说三次为相，卢生只有两次"登台铉"；张说为官共四十一年，而卢生为官达五十余年；张说为人谦逊，对外和睦亲疏，而卢生生性奢荡，特别喜爱淫乐，"后庭声色，皆第一绮丽"；张说六十四岁时逝世，而卢生活了八十多岁。两《唐书》上记载张说与唐玄宗有着亲密的关系，他在文学创作上的重大成就，以及他对盛唐文化的特殊贡献，都是卢生不具备的。张说早年应的是制举，官任崇文馆雠校，崇文馆是太子学馆；梦中的卢生应的是常举，进士及第后任秘书省校书郎。张说一生中有三次武功，主要是慰抚、讨擒九姓部落和党项连结的"叛胡"等，根本不是吐蕃，他是不主张对吐蕃用兵的。小说中说卢生曾为御史中丞、河西道节度，大破戎虏，斩首七千级，开地九百里，这与张说无涉。高力士在玄宗面前帮张说说几句好话，不是一件稀罕的事情；而高力士为宇文融等人都吹嘘过，并不能说高力士帮助的只有张说一人。小说中尽管卢生受高力士帮助，但并不能认为沈既济专以张说为塑造卢生的原型。唐代封为燕国公的有很多，如于志宁、黑齿常之等都是燕国公，所以这不是张说一人特有的封号。卢生也封燕国公，但这并不能就认为张说就是卢生的原型。关于两人的儿子们，事迹也大不一样：卢生有五子，张说只三子；张说子是驸马，而卢生根本不是皇帝的儿女亲家；张说子张均、张因投降了安禄山后失节被长流岭表，而《枕中记》中没有卢生儿子败家的事情，却是"皆有才器"。大臣临终前，皇帝派宦官前去看望，这在唐朝是十分常见的，《枕中记》中"中人候问，相踵于道，名医上药，无不至焉"的描述，不过是根据当时皇帝对大臣临终前的恩泽加以概括而已。因此张说根本不是卢生的标本。

一些人认为卢生的样本是郭子仪。持这种观点者认为郭子仪一生遇难不死，享尽人间荣华富贵；沈既济在《枕中记》中以之隐喻为最适意的人生样本，表示出最高的羡慕。

反对者认为只要查一下《唐书·郭子仪传》，便可看出卢生和郭子仪的生平大不相同。如家世不同，卢生是山东士族，而郭子仪是华州郑县人，不是高门；出身不同，卢生是登进士科，而郭子仪是武举；仕宦不同，卢生是文官，只一为河西道节度，而郭子仪是武将；遭遇不同，卢生两次被贬窜荒徼，而郭子仪一生未受贬谪；结局不同，卢生仕至中书令，封燕国公，卒后无恩典，而郭子仪仕至太尉兼中书令，封汾阳郡王，死后陪葬皇陵，赐物无数；后嗣不同，卢生子五人、孙十余人，而郭子仪有子八人、孙数十人，第六子还尚升平公主，有两个孙子和两个玄孙尚公主。郭死后，杨炎、卢杞等秉政，郭子仪婿赵纵、李洞清、王宰因事被贬黜，赵纵被抓进狱中，宰相张镒倾力相救，才得以免，《旧唐书》将杨炎等批评为"尤忌勋族"。受杨炎提拔的沈既济，怎能以杨炎"尤忌"的郭子仪为样本呢？

也有认为杨炎及杨炎的前任和荐举者元载都是《枕中记》卢生的原型。

卞孝萱先生认为卢生与杨炎有相似之处，但元载不是原型，其理由是卢生和元载生平大不相同。元载与卢生的家庭情况有较大的不同，元载是凤翔岐山人，而卢生家在山东；元载与卢生的出身入仕不同，元载是玄宗时制举入高科，而卢生中的是进士；元载与卢生的宦途遭遇不同，元载一生未遭贬谪，而卢生两窜荒徼；元载和卢生为相表现不同，元载最后是纳受赃私，贸鬻官秩，而卢生被皇帝赞为"升平二纪，实卿所赖"；元载和卢生的妻、子表现不同，元载是"凶妻忍害，暴子侵牟"，而卢生的老婆是清河崔氏女，长相极为漂亮，五子皆有才器；元载和卢生全家结局不同，元载被赐自尽，妻及三子皆赐死，女被没入掖庭，卢生却是善终。在唐代的笔记小说中，元载被塑造成朋党、贪污、阴险、弄权的形象，而卢生基本上是正面人物，两者是完全不同的。

卢生既不是张说的标本、郭子仪的样本，也不是以元载为原型，那么卢生的原型到底是谁？

卞孝萱先生认为卢生的原型是杨炎。早在1985年出版的《唐代文史论丛》的《唐代小说与政治》部分中，卞先生就提出了这种观点。他认为如果我们将卢生与史书中的杨炎相对照，可发现有惊人的相似之处。如《枕中记》中说卢生"尝志于学，富于游艺"，而杨炎也是有史才、擅诗文、工书画，他替皇帝所写的诏书被认为是开元以来最突出的，为文士争相诵颂，为一时之风采。卢生"号为贤相"，而杨炎制定两税法有"救时之弊，颇有嘉声"，天下翕然望为贤相。卢生两窜荒徼，而杨炎大历十二年(777)贬道州、建中二年(781)贬崖州。卢生为同僚相害，而杨炎第一次贬谪受刘晏排挤，第二次为卢杞陷害。《建中实录》中记载杨炎的溢美之辞，在《枕中记》中也有不少描写，而且都成了圆满的结果，如杨炎没有开成的河，没有筑成的城，不肖的儿子，在小说中都变了样，失败变为成功，坏事变为好事。沈既济从他与杨炎的感情出发，尽量将这个人物描写得高大一些，完美一些。《建中实录》写到杨炎贬谪为止，沈既济不忍在他的笔下写出杨炎被杀的悲惨下场。《枕中记》就写卢生被贬后，皇帝知道是冤枉的，加官晋爵而薨，这是变相地反映出沈既济期望杨炎身后能赐谥赠官，恢复名誉。

沈既济是杨炎引荐的人，与杨炎关系不同一般。杨炎被杀后，他被贬处州司户，由于手中无权，不能为杨炎报仇，但他手中有笔，能以文字为杨炎雪恨。后来他为德宗编《建中实录》，成书十卷，表面上打着"书法无隐"的幌子，其实是为杨炎辩解。他可能感到在实录中替杨炎辩解是有限度的，不如写小说自由，可以虚构、幻设，尽情渲染，而又不担风险，不负文责，遂写了《枕中记》。

此后在 2001 年出版的《唐传奇新探》一书中，卞先生再次重申了自己的观点。他认为《枕中记》中说卢生做富贵美梦的时间是在开元七年 (719)，但梦中的事情却并不是开元七年发生的，如吐蕃攻陷瓜州是开元十五年 (727) 的事，与卢生同时为相的萧嵩、裴光庭是在开元十六年 (728) 至二十一年 (733)，作为历史学家的沈既济，对唐朝历史十分熟悉，他叙述开元时事，不应该失实；而《枕中记》中表面上漏洞百出，这既不是他的粗心大意，也不是不学无术，而是故意如此，他是要让读者体会，小说中不是谈开元真事，主人公卢生不是影射开元时的宰相。

　　小说的末尾，卢生梦醒后与吕翁有一段对话，感叹地议论道："夫宠辱之道，穷达之运，得丧之理，死生之情，尽知之矣。此先生所以窒吾欲也。敢不受教。"这段消极的观点是从哪里来的？卢生梦中享尽荣华富贵，寿终正寝，这是当时士人所歆慕、想望、追求的，使小说作者沈既济产生消极思想的，不应是小说中的卢生，而应是现实生活中的杨炎。现实生活中的杨炎对解决中唐财政问题有重大贡献，竟因卢杞陷害，被德宗处死，使沈既济灰心，寒心，惊心，从而产生了"窒吾欲"的念头，不必争名夺利，以避免杀身之祸。沈既济的儿子沈传师，后来也受到父亲的影响，性格上恬退无竞，穆宗时不敢做翰林承旨学士，更不敢做宰相，这也应是出于沈既济的教导。

　　一篇小说中的一个人物，竟然引起了人们这样的关注，的确是很少见的。他的原型到底是唐代中期的哪位宰相，相信争论还会继续。